Claudia Neusüß
Katja von der Bey (Hg.)

D1735866

WeiberWirtschaft eG

Genossenschaft in Gründung • Harnackstr. 229 • W - 1000 Berlin 44 • ☎ 030/832 90 40

Weiber**Wirtschaft**

macht

Frauen

Wirtschaftlich   Stark

Unsere Luftschlösser
haben U-Bahn-Anschluss

WeiberWirtschaft –
eine Erfolgsgeschichte

Autorinnen & Gesprächspartnerinnen

Gotelind Alber

Nadja Bartsch

Katja von der Bey

Ricarda Buch

Odette De Pasquali

Claudia Gather

Sabine Hübner

Sabine Nehls

Claudia Neusüß

Sibylle Plogstedt

Ute Rostock (geb. Schlegelmilch)

Silke Roth

Isabel Rothe

Andrea Schirmacher

Konscha Schostak

Sabine Smentek

Karin Stegemann

Carola Wallner-Unkrig

Margrit Zauner

Foto: Christina Bolouam

Foto: Sandra Geisler

Inhalt

Es soll immer noch
Männer geben,
die bei einer guten Anlage
nur an Hifi denken.

Foto: Benoit Maubrey

Foto: Birgit Kleber

Foto: Katja von der Bey

Foto: Amin Akhtar

Foto: Florian Bolk

Voilà.

Sie hatte auch
schon einen
Gewerbehof.

Glücks-
bringer

Viel Erfolg !

Chandia

Vorwort
Nennen wir es Liebe
Weshalb wir dieses Buch unbedingt schreiben mussten

Seit fast einem Vierteljahrhundert gehört die WeiberWirtschaft zu unserem Leben. Wir haben im Laufe der Jahre in vielen Rollen daran mitgewirkt: als Vorstandsfrau oder Aufsichtsrätin, als Mitbegründerin oder Geschäftsführerin, als Mieterin oder als Mitarbeiterin, als externe Beraterin oder als freiwillige Mitstreiterin in einer Arbeitsgruppe. Und immer noch macht uns das Nachdenken, Austauschen, Sprechen über diese Unternehmung große Freude. Ganz zu schweigen davon, wie beglückend neben aller Arbeit die Weiterentwicklung und die Zukunftsaussichten sind!

Kann man diese Faszination erklären, kann man sie teilen? Das müssen wir sogar, sagten wir uns schon vor einigen Jahren. Denn das „wohl (…) größte Ding der deutschen Frauenbewegung" (taz 3. März 2012) ist nicht nur anschlussfähig, sondern macht auch der jungen Generation von Frauen Lust auf selbstbestimmtes Arbeiten und macht stolz darauf, was Frauen so alles auf die Beine stellen. Bis heute freuen wir uns an der eigenen „Anmaßung" oder schmunzeln in der Erinnerung an so manche Begegnung in den Anfängen – mit damals als sehr fremd und fern erlebten Milieus der Verwaltung, der Politik oder der Bankenwelt. Überhaupt hat der Humor, hat der selbstironische Aspekt der „WeiberWirtschaft" („Is det ne Kneipe?") in den Aufbaujahren immer wieder eine wichtige Rolle gespielt und auch eine erhebliche emotionale Entlastung geschaffen, wenn es um Millionenverträge, Arbeitsplatzgarantien oder Auflagen der Wirtschaftsförderprogramme ging.

Damals kamen wir mehrheitlich aus den feministischen Bewegungen des alten Westberlins, die meisten Studentinnen oder Jungakademikerinnen.[1] Kaum eine der Frauen kam aus einem großbürgerlichen oder unternehmerisch geprägten Milieu, keine war damit aufgewachsen, große Projekte oder Summen zu bewegen. Was treibt viel beschäftigte junge Frauen am Beginn ihrer beruflichen Karriere dazu, tage-, nächte-, wochen-, monate- und jahrelang unbezahlt an einem großen Projekt zu ar-

beiten? In unserer Erinnerung wollten wir – gerade vor dem Hintergrund der Goldgräber-Stimmung nach der deutsch-deutschen Vereinigung – vor allem wissen, wie weit unsere gute Ausbildung und unsere gefühlte Gleichstellung am Ende tragen würden. Die Anfangszeiten waren geprägt von „extremer Problemlust", Kritik an den Ungerechtigkeiten in unserer Wirtschaftsordnung, der Bereitschaft sich einzumischen und Verantwortung zu übernehmen. Und das Belohnungszentrum wurde durchaus auch bedient, denn trotz aller Hürden und Hindernisse, die sich uns in den Weg stellten, haben wir auch immer wieder Anlass gehabt, die Korken knallen zu lassen!

Gelegentlich sind wir heute froh, dass wir nicht alles von Anfang an wussten, all die Krisen antizipierten, all die Schwierigkeiten vor Augen hatten. Schritt für Schritt vorgehen und Probleme dann angehen, wenn sie erkennbar werden – diese Strategie hat uns geholfen. Wichtig war für uns auch, dass wir sowohl große Gemeinsamkeiten und einen klaren Fokus auf das Ziel hatten als auch von unseren Unterschieden in Ausbildung und Erfahrung profitieren konnten. Die zentralen Rollen für ein Team – Treiberinnen und kritische Stimmen, Umsetzerinnen und Netzwerkerinnen – waren immer vorhanden! Das Feuer für das gemeinsame „große Ganze" ist bis heute geblieben. Die WeiberWirtschaft als ein Beispiel für eine andere, eine alternative, geschlechtergerechte, nachhaltige und gemeinwohlorientierte Ökonomie – konkret unsere Genossenschaft, unser Gründerinnenzentrum und die daran anschließenden Unternehmungen und Projekte –, dafür gab es immer genügend und gibt es einen stetig wachsenden Kreis an Unterstützerinnen. Das bedeutet keineswegs, dass alle, die sich engagieren, das gleiche Bild im Kopf haben. Die WeiberWirtschaft hat immer auch Raum gelassen für unterschiedliche Fantasien und Aktivitäten.

Die WeiberWirtschaft ist inzwischen längst als „Institution" der Frauenbewegung im Mainstream angekommen. So fremd und frech wie in den ersten Jahren werden wir auch von außen schon lange nicht mehr wahrgenommen. Vielleicht, weil auch die damaligen Protagonistinnen inzwischen in die Jahre kommen. Längst wird die WeiberWirtschaft als Lern- und Impulsort von Hunderten von

1 Seit 1995 haben fünf Frauen während ihres Ehrenamtes in Vorstand und Aufsichtsrat ihre Promotion abgeschlossen.

Besucher_innengruppen – Unternehmerinnen, Politiker_innen oder Stadtplaner_innen – aus Deutschland und der ganzen Welt genutzt.

Am Anfang benötigte die WeiberWirtschaft viel Unterstützung. Zum Erfolg hat maßgeblich beigetragen, dass diese gewonnen werden konnte. Die solidarische und verlässliche Rückendeckung zahlreicher Genossenschafterinnen und Sympathisantinnen aus der Frauenbewegung war immer das Fundament unserer Unternehmung. Rückhalt und Förderung aus der Politik spielte ebenfalls eine große Rolle bei Kauf und Sanierung. Ohne das beherzte Tun einiger Frauen aus Politik und Verwaltung und die respektvolle und wertschätzende Beratung einiger Männer, ohne die finanziellen Hilfen der Berliner Senatsverwaltungen für Wirtschaft und Stadtentwicklung in entscheidenden Momenten wäre dieses Vorhaben vermutlich nicht gelungen.

Bis heute geraten wir über das Vorhaben und vor allem seinen Erfolg manches Mal in Erstaunen. Wie konnte das eigentlich gelingen, obwohl es so viele Situationen gab, in denen das Vorhaben hätte scheitern können? Was genau waren und sind die Erfolgsindikatoren? Wie konnte der unwahrscheinliche Fall eintreten, dass eine der größenwahnsinnigsten Ideen der Frauenbewegungen tatsächlich Realität geworden ist und gute Chancen hat, nach dem 25. Geburtstag auch noch mindestens den 50. zu erleben? Wie groß war die Portion Glück, die dabei eine Rolle spielte, wie viel ist erarbeitet worden und welchen Einfluss hatte die historische Konstellation der deutsch-deutschen Vereinigung? Diese Fragen haben wir allen Autorinnen gestellt und sie haben uns beim Notieren unserer Geschichte geleitet.

Wir haben uns für einen Sammelband mit ganz unterschiedlich gehaltenen Beiträgen von einigen der zahlreichen Frauen, die seither dabei waren, entschieden. Das Schwierigste daran war, eine Auswahl zu treffen. Denn schließlich haben wir uns immer als Team empfunden, immer die Innovationskraft und Stärke der Gemeinschaft geschätzt und genutzt. Beinahe wäre dieses Buch deshalb nicht fertig geworden, denn es passieren immer wieder neue Entwicklungen und immer mehr Frauen gehören dazu und arbeiten mit. Wir sind viele! In der Vorbereitung haben wir 133 ehrenamtliche Mitstreiterinnen identifiziert, und sicher haben wir nicht alle gefunden. Wo also einen Schlussstrich ziehen?

Die Lösung liegt darin, dass das ursprünglich geplante Buch jetzt drei Teile hat. Teil 1 ist die Broschüre „WeiberWirtschaft – Standort für Chefinnen", die unsere aktuellen Angebote für Gründerinnen und Unternehmerinnen zusammenfasst. Teil 2 ist dieser Sammelband über die Geschichte der Gründungs- und Aufbaujahre, der durch zwei Perspektiven von außen ergänzt wird. Und Teil 3 wird eine Textsammlung im Internet sein, die fortgeschrieben werden soll von allen, die darauf Lust haben und ihre Perspektive der Ereignisse beisteuern möchten. Auch viele der Originaldokumente, Texte und Bilder, die hier nicht Raum gefunden haben, kann man auf der Website www.weiberwirtschaft.de/herstory nachlesen.

November 2014
Claudia Neusüß und Katja von der Bey

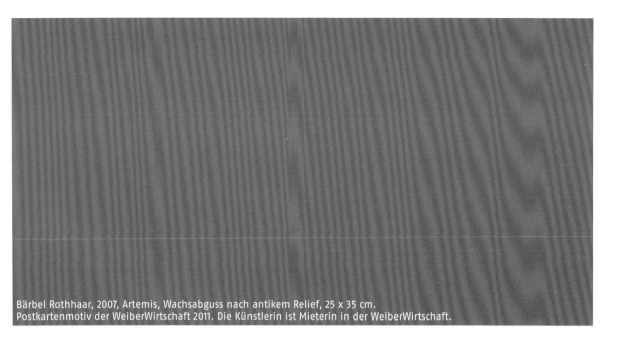

Bärbel Rothhaar, 2007, Artemis, Wachsabguss nach antikem Relief, 25 x 35 cm.
Postkartenmotiv der WeiberWirtschaft 2011. Die Künstlerin ist Mieterin in der WeiberWirtschaft.

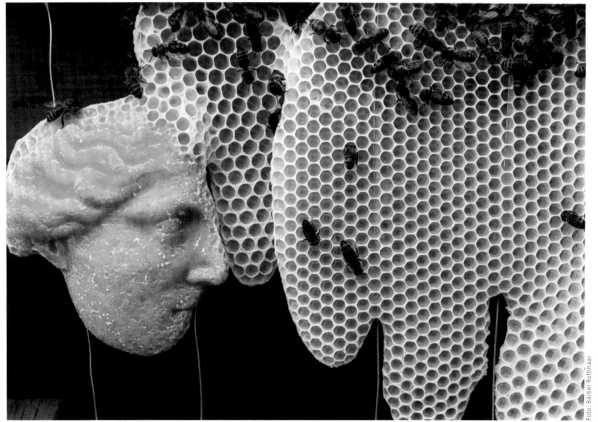

Foto: Bärbel Rothhaar

Irene Fehling, „Kitty", 2006, Acryl/Öl auf Nessel, 20 x 40 cm.
Postkartenmotiv von 2007. Die Künstlerin ist Mieterin in der WeiberWirtschaft.

Foto: Irene Fehling

Katja von der Bey
Bloß nicht bescheiden werden!

Wer heute in die Anklamer Straße 38–40 in Berlin-Mitte kommt, sieht eine gut gepflegte typische Berliner Gewerbeimmobilie der Gründerzeit mit mehreren hintereinanderliegenden Höfen. Lebendig geht es hier zu, Väter schieben ihre Kinder über den Hof zur Kita, Kuriere flitzen mit Paketen von Aufgang zu Aufgang, die Aufzüge sind nonstop im Einsatz, man grüßt sich und wechselt ein paar Worte, mittags trifft man sich auf den Bänken im Hof für eine Pause oder in einem der beiden Restaurants auf einen Imbiss, die Haushandwerkerin gießt die Blumenkübel und vielleicht kommt auch gerade eine Besucher_innen-Gruppe vorbei, die eine fremde Sprache spricht und sich die Geschichte dieses besonderen Ortes anhört.

Die Frauengenossenschaft WeiberWirtschaft ist heute Eigentümerin des gleichnamigen Gewerbehofs, in dem auf 7.100 qm Nutzfläche rd. 65 Gewerbe- und 13 Wohnungsmieterinnen ihren Standort gefunden haben. Die WeiberWirtschaft vermietet Räume an frauengeführte Unternehmen, an Selbständige und Freiberuflerinnen und an Frauenprojekte. Hier gibt es besonders kleine Gewerbeflächen ab 13 bis maximal 220 qm Größe. In den Etagen nutzen die Frauen gemeinsame Teeküchen, die auch Orte des Austauschs sind. Existenzgründerinnen profitieren von besonderen Preisrabatten am Anfang ihrer Geschäftstätigkeit, den Milchmädchentarifen. Die Mieten nach dieser Startphase sind ortsüblich, der Unterschied ist, dass es andernorts nur selten so kleine Räume zu mieten gibt. Die Nebenkosten für Energie, Heizung und Wasser sind besonders günstig. Denn der Gewerbehof wurde nach ökologischen Kriterien saniert und verfügt über Blockheizkraftwerk, Regenwasserspeichersysteme, Photovoltaikanlagen und kleine grüne Oasen in den Höfen.

Am Standort finden die Mieterinnen außer Büros und Werkstätten, Ladengeschäften und Ateliers auch eine Kindertagesstätte mit 69 Plätzen, die bevorzugt den Kindern von Unternehmerinnen und ihren Mitarbeiter_innen zur Verfügung steht.[1] Es gibt Gastronomiebetriebe und für kleine Tagungen, Workshops und Besprechungen stehen sechs modern ausgestattete Tagungsräume zur Verfügung.

Mit den Nachbarinnen lässt sich so manches besprechen und gemeinsam unternehmen. Zur Steuerberaterin, Anwältin oder zum Abrechnungsservice ist der Weg ganz nah. Die Fachliteratur kann man unten in der Buchhandlung bestellen, nach der Mittagspause schnell noch zur Friseurin gehen und abends bei einem Tai-Chi-Kurs entspannen. Neben den gewerblichen Nachbarinnen gibt es auch zahlreiche Frauenvereine und -verbände am Standort. Und für die öffentliche Aufmerksamkeit sorgt die Verwaltung regelmäßig, sei es durch prominente Besucher_innen, Veranstaltungen, Kampagnen oder die ein oder andere Auszeichnung.

Jede Mieterin ist Genossenschafterin der WeiberWirtschaft und damit Miteigentümerin der Immobilie, so kann sie über ihr Umfeld mitbestimmen. Viele engagieren sich darüber hinaus ehrenamtlich, sei es in einem der Gremien, z. B. zur Auswahl neuer Mieterinnen, oder als Mentorin im hauseigenen Mentoringprogramm Push-up zur Unterstützung des unternehmerischen Nachwuchses.

Alle Mieterinnen können sich in dem guten Gefühl wiegen, dass es zusätzlich „draußen" viele Unterstützerinnen gibt, die mindestens einen Geschäftsanteil gezeichnet haben, damit andere Frauen hier erfolgreich ihre Unternehmensgründung auf die Beine stellen können. Die Genossenschaft hat heute nahezu 1.800 Mitglieder und es werden jedes Jahr mehr! Diese Konstellation ist heute attraktiver denn je, die jungen Frauen berichten, dass es für sie wichtig ist, wohin sie ihre Miete tragen! Die Warteliste für einen Mietraum in der WeiberWirtschaft wird immer länger.

Die WeiberWirtschaft ist bundesweit vernetzt, unter anderem gründete sie 1999 das Netzwerk der Gründerinnen- und Unternehmerinnenzentren mit, das auch neue Zentrumsgründungen begleitet, und sie ist seit 2006 Regionalverantwortliche der bundesweiten gründerinnenagentur (bga) für Berlin.

Seit der Eröffnung des Gründerinnenzentrums 1996 sind weitere Projekte und Angebote hinzugekommen: 2006 entstand die „Gründerinnenzentrale in der WeiberWirtschaft – Navigation in die Selbständigkeit", ein Projekt des WeiberWirtschaft e. V. Unterstützt durch Projektmittel aus dem Europäischen Sozialfonds (ESF), des Landes Berlin und der „Mutterorganisation" WeiberWirtschaft eG

---

1 Allein die vier 2014 amtierenden Vorstandsfrauen haben zusammen sechs und demnächst sieben Kinder im sogenannten betreuungspflichtigen Alter.

werden dort eine Orientierungsberatung für Gründerinnen sowie zahlreiche Vernetzungs- und Informationsveranstaltungen zur Existenzgründung durchgeführt. Die WeiberWirtschaft eG engagiert sich außer mit einem Finanzierungsanteil und ihrem Know-how auch in gemeinsamen Veranstaltungen. 2013 entstand in Kooperation mit dem Verein Goldrausch, einem akkreditierten Mikrofinanzinstitut, das Angebot des WeiberWirtschafts-Mikrokredits. Genossenschafterinnen der WeiberWirtschaft können seither Mikrokredite bis zu 10.000 Euro für ihre Gründungsvorhaben oder ihre laufenden Geschäfte bekommen.

Die WeiberWirtschaft ist damit eine der erfolgreichsten und vor allem nachhaltigsten Unternehmungen der zweiten Deutschen Frauenbewegung, die zudem gute Aussichten für die Zukunft hat.

Ein Gewerbehof für Berliner Gründerinnen

Die Idee für die WeiberWirtschaft entsteht aus einer wissenschaftlichen Studie über die Situation von Existenzgründerinnen in Westberlin, die 1985 der damalige Wirtschaftssenator Elmar Pieroth in Auftrag gab. Die Autorinnen Claudia Gather, Sabine Hübner und Dorothea Assig beschreiben erstmals die besonderen Rahmenbedingungen von Gründerinnen, die uns heute – viele Studien später – bestens vertraut sind: Frauen gründen kleinere Unternehmen, machen sich häufiger allein selbständig, managen häufiger als Männer „nebenher" noch eine Familie und partizipieren weniger von öffentlichen Fördermitteln als Männer. Trotz aller Hemmnisse wird schon 1985 jedes dritte Unternehmen in Westberlin von einer Frau gegründet!

Die Studie liefert auch gleich einen Vorschlag, mit welcher Maßnahme man die Benachteiligungen für Frauen künftig ausgleichen könnte:

„Eine Reihe von Fördermaßnahmen für Gründerinnen könnte modellhaft in einem Gründerinnenzentrum in Berlin (West) erprobt werden. Vorstellbar ist ein Gewerbehof, in dem Gründerinnen aus verschiedenen Branchen gewerbliche Räume mieten können. Den Unternehmen stehen gemeinsame Infrastruktureinrichtungen zur Verfügung. An Ort und Stelle können dort Beratungen, Weiterbildungsveranstaltungen und Gründungsseminare für Frauen stattfinden.

In einem solchen Gründerinnenzentrum wären die oft beklagte Isolation der Unternehmerinnen aufgehoben und die Bedingungen für einen Erfahrungsaustausch

günstig. In den USA wurden in einem solchen Gründerinnenzentrum erste Erfahrungen gemacht.

Das Gründerinnenzentrum hätte als Anlaufstelle für interessierte Frauen Modellcharakter und könnte weitere Gründungen von Frauen anregen." (S. 19)

Die Idee des Gründerinnenzentrums ist in der Welt ... und daraus nicht mehr zu vertreiben!

Und wie das bei guten Ideen häufig der Fall ist, beginnen zur gleichen Zeit auch Frauen in Frankfurt am Main und in Bremen über den Kauf bzw. Betrieb eines Unternehmerinnen- oder Gründerinnenzentrums nachzudenken.

Für die Berlinerinnen ist es naheliegend, zunächst die Politik und die öffentliche Verwaltung auf der Basis dieser neuen Studie zur Beseitigung der offensichtlichen Benachteiligung von Frauen aufzurufen. In den 1980er Jahren entsteht in jeder Gemeinde Westdeutschlands, die etwas auf ihre Wirtschaftsförderung hält, ein Gründer- und Technologiezentrum. Im BIG (Berliner Innovations- und Gründerzentrum) ist Ende der 1980er Jahre nur ein einziger Frauenbetrieb ansässig, monieren die Frauen. An den Bedürfnissen der Frauen gehen diese Zentren eindeutig vorbei. Deshalb, so fordern die Frauen, muss ein Ausgleich geschaffen werden und ein Zentrum speziell für Gründerinnen her!

Die Politik winkt ab: „Kein Geld für Extrawünsche", lautet die Auskunft. Das ist in den 1980er Jahren, in denen die Westberliner Budgets noch vergleichsweise üppig sind, nicht anders als heute.

Aber schließlich sind es die 80er Jahre: Die Westberliner Frauenbewegungen sind vielfältig, aktiv, kämpferisch und selbstbewusst! Beim Frauenarbeitskongress im Januar 1987, der wenige Monate nach dieser Abfuhr stattfindet, bildet sich eine Arbeitsgruppe zum Thema „Arbeitsplätze selber schaffen". Schnell entsteht die Idee, aus eigener Kraft ein solches Gründerinnenzentrum aufzubauen, selbst eine Immobilie zu kaufen.

Sabine Hübner, eine der damaligen Protagonistinnen, beschreibt die Bedeutung dieser Idee für die Frauenbewegung: „Endlich weg von der Opferrolle!" (siehe Beitrag auf S. 38 ff.)[2] Das Engagement der Mitstreiterinnen, übrigens mehrheitlich keine Unternehmerinnen oder Gründerinnen, sondern vor allem (arbeitslose) Sozialwissenschaftlerin-

---

2 1988 findet in Berlin die Tagung „Mittäterschaft und Entdeckungslust" statt, die später in die gleichnamige Publikation von Christina Thürmer-Rohr einfließt. Die kontrovers und heiß diskutierte These ist, dass immer zwei zu einem Opfer-Täter-Verhältnis gehören und die Frauen einen eigenen Beitrag zur Konstruktion der Geschlechterrollen leisten.

nen, Politologinnen und Studentinnen führt im August 1987 zur Gründung des Vereins WeiberWirtschaft, dessen Ziel die Projektentwicklung für ein Gründerinnenzentrum ist. Die WeiberWirtschafts-Frauen knüpfen Netze in alle Richtungen: Zu den Berliner Frauenorganisationen, in die öffentliche Verwaltung und Politik, in die Szene der selbstverwalteten Betriebe Berlins, die ökonomische und soziale Alternativen diskutieren. „Ich bin dann mit der Idee zu jedem Mikrofon gerannt, das ich finden konnte. Die haben mich alle für verrückt gehalten!", berichtet Ricarda Buch, eine der damaligen Vorstandsfrauen (siehe Interview auf S. 37), und beschreibt damit eine Strategie, die die WeiberWirtschaft bis heute gern verfolgt: Medien ansprechen, Öffentlichkeit herstellen!

In dieser Phase bewegen die Frauen zwei wichtige Fragen: In welcher Rechtsform sollen wir das Projekt angehen, bleibt es beim eingetragenen Verein, gründen wir eine Stiftung oder eine Genossenschaft? Wie genau stellen wir uns das mit dem eigenen Gewerbehof vor? Wollen wir ein Erbbaurecht oder wollen wir Grundeigentum erwerben? Ricarda Buch recherchiert die Vor- und Nachteile und propagiert dann die Idee der Genossenschaftsgründung.

Die Vorstellung, sich systemimmanent zu verhalten, selbst als „Kapitalistin" aufzutreten, um eine Immobilie aus dem Spekulationskreislauf zu nehmen, polarisiert die Feministinnen der ausgehenden 1980er Jahre. Es setzt sich in der WeiberWirtschaft eine Gruppe von Frauen durch, die es attraktiv finden, „Grundeigentum in Frauenhand" zu bringen, so der zündende Slogan. Schon im Juni 1987 sind die Weichen gestellt: „Der private Grundbesitz ist nicht nur Ausgangsbasis, sondern auch Ausdruck bestehender patriarchalischer Machtverhältnisse. Er ermöglicht etwa 10 % der Grundeigentümer ein leistungsloses Einkommen in Milliardenhöhe, das Frauen durch ihre unentgeltlich geleistete Arbeit diesen freundlicherweise schenken. (...) So ist Grund- und Bodenbesitz der Schlüssel zur Kolonialisierung der Dritten Welt und auch der Frau. Deshalb können Frauen, die an der politischen und wirtschaftlichen Macht teilhaben wollen, den Schlüssel zu Teilnahme an dieser Macht – den privaten Grundbesitz – nicht außer Acht lassen. (...) Ziel der WeiberWirtschaft ist eine Umverteilung der Mieteinnahmen, die der Frauenbewegung wieder zugute kommen sollen, anstatt wie bisher den Grundeigentümern ein leistungsloses Einkommen auf Kosten der Frauen zu ermöglichen." (Juni 1987)
    Die Frauen entwickeln die Idee einer reinen Frauengenossenschaft, in der ein „feministischer Geldkreislauf" in Gang gesetzt wird: Viele Frauen legen kleine Beträge zusammen, kaufen damit eine große Immobilie, die 1) Arbeitsraum für Gründerinnen, Frauenbetriebe und -projekte bietet, in der 2) Arbeitsplätze für Frauen geschaffen

werden, die 3) das wirtschaftliche Engagement von Frauen sichtbar macht und in der 4) mittelfristig Überschüsse erwirtschaftet werden, die zurück in die Unterstützung von Frauenprojekten fließen.

Lasst uns ein Haus kaufen!

Dass ein eigener Gewerbehof eine Menge Geld kosten würde, ist den Frauen damals klar. Zunächst kursiert die aus der Perspektive der Frauenbewegung bereits ungeheure Summe von 500.000 DM. Ein halbes Jahr später hat sich der Betrag in der Fantasie schon verdoppelt: 5.000 Genossenschaftsanteile à 200 DM sollen 1 Mio. DM Startkapital bringen. Ein Treuhandkonto bei einer Steuerberaterin wird eingerichtet, schon vor der Eintragung der Genossenschaft zahlen Sympathisantinnen Geld zur späteren Umwandlung in Genossenschaftsanteile ein.

Ende 1988 wecken die leerstehenden Gebäude der ehemaligen Schultheiss-Brauerei in Berlin-Kreuzberg die Begehrlichkeiten der WirtschaftsWeiber. Erste Kontakte zu Behörden und Eigentümern werden mit einer ersten Version des WeiberWirtschafts-Businessplans untermauert.[3] Darin sind schon alle wegweisenden Ideen notiert, die die nächsten Jahre bestimmen werden: ein gesicherter Standort für kleine und mittlere Frauenbetriebe und -projekte, Infrastruktur mit Kinderbetreuung und Verpflegung, Vernetzungsangebote. Die damalige Architekturstudentin Sabine Joswig schreibt ihre Diplomarbeit über den möglichen Umbau der Brauerei und liefert damit auch aus baulicher Sicht eine wichtige Grundlage: Sie plant eine umfassende ökologische Sanierung.

Im Dezember 1989 ist es soweit: 17 Frauen gründen die Genossenschaft WeiberWirtschaft. Die Mindestbeteiligung pro Frau sind 200 DM/103 Euro, beteiligen können sich ausschließlich natürliche Personen weiblichen Geschlechts. Die heiß diskutierte Frage, wie man garantieren kann, dass das Kapital langfristig in Frauenhand verbleibt, wird über eine besondere Erbschaftsregelung gelöst (siehe Interview Ricarda Buch auf S. 37).
    Unmittelbar nach der Gründungsversammlung scheitern die Verhandlungen über den Kauf der Brauerei. Zornig berichten die Frauen im Geschäftsbericht 1990: Der Vertreter der Eigentümerin Deutsche Industrie AG „verweigerte (...) sogar jedes Gespräch mit uns!"

---

3 Buch, Ricarda; Gather, Claudia; Hübner, Sabine; Joswig, Sabine; Lochmann, Doris; Neusüß, Claudia; Schwonke, Gudrun; Theune, Theresa: Konzept für ein Gründerinnenzentrum in Berlin-Kreuzberg auf dem Gelände der ehemaligen Schultheiss-Brauerei, Am Tempelhofer Berg 7, Hg. WeiberWirtschaft e. V., o. J. (1989).

Aber inzwischen ist sowieso alles anders geworden. Die Berliner Mauer ist gefallen und nicht nur das Westberliner Biotop von feministischen Aktivistinnen sieht sich komplett neuen Rahmenbedingungen gegenüber ... die ganze Berliner Welt tickt plötzlich anders. Immobilien werden zur heiß umkämpften Ressource!

Das in Westberlin eher spärliche Angebot leerstehender Gewerbeimmobilien weicht einer Spekulationsblase gewaltigen Ausmaßes. In (Ost-)Berlin werden jetzt ganze Stadtteile neu beplant und verkauft, Investoren und Glücksritter aus der ganzen westlichen Welt wittern das ganz große Geschäft in der wiedervereinigten Stadt am Angelpunkt zwischen Ost und West. Das weckt natürlich den Ehrgeiz der Genossinnenschaft in Gründung: „Wenn die Jungs Monopoly spielen, brauchen wir mindestens die Parkstraße!"

1990 beginnt eine intensive Suche nach der geeigneten Immobilie. Innerstädtisch soll sie liegen, Platz für Büros, Werkstätten und Ladengeschäfte bieten und mindestens 4.000 qm groß sein. Die Anbindung an U-Bahn und Bus soll vorbildlich sein, schließlich fahren Frauen weniger Auto und gründen Unternehmen, die viel Publikumsverkehr mit sich bringen. Die Liste der Immobilien, die 1990 angeschaut und über die gesprochen wird, ist beachtlich: ein Gewerbehof in Neukölln (ein Flopp), zwei Gewerbehöfe in Kreuzberg (einer völlig verfallen, der zweite schon vergeben), die BVG-Hallen in Moabit (Umbau zu teuer), das Rotaprint-Gelände im Wedding (mit Altlasten verseucht) und die spätere Kulturbrauerei in Prenzlauer Berg (da schaffen es die WirtschaftsWeiber bis auf die Liste der potenziellen Bewerber).

Es wird ernst:
Verhandlungen mit der Treuhandanstalt

Am 3. Oktober 1990 wird Berlin wieder zu einer ungeteilten Stadt und der Blick der WirtschaftsWeiber richtet sich auch auf Objekte im Ostteil. Doch in Gesprächen mit Mitstreiter_innen in Behörden und anderen Organisationen wird allmählich klar, dass die WeiberWirtschaft an der Treuhandanstalt nicht vorbei kommt. Die Treuhand ist eine Anstalt des öffentlichen Rechts und beauftragt, die „volkseigenen" Betriebe und Grundstücke der ehemaligen DDR zu privatisieren. Immobilienankäufe im Ostteil der Stadt – und nur dort gibt es viele leerstehende Gewerbeimmobilien – sind ohne Treuhandanstalt nicht möglich. Die WeiberWirtschaft bewirbt sich im Mai 1991 auf ein Exposé für das Objekt Langestraße 31 in Berlin-Friedrichshain (heute ein Hotel), im Sommer 1991 für das Objekt Pappelallee 78-79 in Berlin-Prenzlauer Berg (seit

2011 der Sitz des Suhrkamp Verlags). Beide Male werden andere Investoren vorgezogen. „Da hatten wir aber auch noch Angst, dass wir den Zuschlag kriegen, denn dann müssen wir es ja auch machen. Nach der zweiten Ablehnung waren wir schon eher wütend.", berichtet die damalige Vorstandsfrau Claudia Neusüß (Interview am 13. Mai 2010). Ihre Kollegin Claudia Gather beschreibt in ihrem Beitrag (S. 41 ff.) eindrücklich diese Zeit der Verhandlungen über Immobilien und den wachsenden (Über-)Mut der Protagonistinnen.

Ende 1990 beträgt das „Treugeld" zu späteren Investitionen in den Gewerbehof „stattliche" 44.000 DM. Zwei Personalstellen können über die Anschubfinanzierung der Senatsverwaltung für Frauen von Berlin finanziert werden, es wird ein Projektbüro in der Hermannstraße in Neukölln eingerichtet. Die ersten Mitarbeiterinnen der WeiberWirtschaft kümmern sich vor allem um Öffentlichkeitsarbeit: 1991 wird zum ersten Mal Werbung in der U-Bahn geschaltet. Die Zahl der Unterstützerinnen wird täglich größer.

„Es war ungewöhnlich, dass Öffentlichkeitsarbeit von der Senatsverwaltung gefördert wurde, BEVOR das Projekt stand. Wir hatten amerikanische Vorbilder studiert. Für deutsche Verhältnisse war das ungewohnt." (Claudia Neusüß in einem Interview am 13. Mai 2010)

Ute Schlegelmilch, damalige Geschäftsführerin, berichtet: „Die Ausschreibungen der Treuhandanstalt haben wir dann immer weggeworfen, weil uns das immer zu teuer war. Dann bin ich mit Monika Damm[4] durch Mitte gezogen, wir haben den Pförtner der Berlin Kosmetik gesprochen und der hat uns erzählt, das Grundstück sei zum Verkauf ausgeschrieben. Dann haben wir das Exposé wieder aus dem Papierkorb geholt." (Interview am 13. Mai 2010, siehe S. 61 f.)

Das „Traumhaus" in der Anklamer Straße 38 war bis 1990 Produktionsstandort für Lippenstifte und Make-up des Volkseigenen Betriebs Berlin Kosmetik. Das Grundstück liegt im Ostberliner Stadtteil Mitte nahe am ehemaligen Mauerverlauf Bernauer Straße, nur neun U-Bahn-Stationen auf der Linie 8 vom bisherigen Projektbüro entfernt. Doch dieser Standort ist nicht unumstritten in der Frauenszene: Einige türkische Frauen kündigen an, dass der Osten für sie inakzeptabel sei, man rechne dort mit Ausländerfeindlichkeit. Einige Westberlinerinnen sind skeptisch, das gewohnte Kreuzberger bzw. Neuköllner Biotop zu verlassen, und beklagen die fehlende Infrastruktur: Keinen Einzelhandel, nicht mal einen Imbiss gibt es im Umfeld. Aber die Mehrheit der WeiberWirtschafts-Frauen

4 Monika Damm war Pressesprecherin der Genossenschaft und hatte eine der ersten geförderten festen Stellen der Genossenschaft inne.

ist optimistisch, dass sich das Quartier binnen kurzer Zeit in einen lebendigen Innenstadtbereich verwandeln wird. Dass diese erhoffte Entwicklung erst weit nach der Jahrtausendwende Wirklichkeit werden würde, ahnen sie damals (glücklicherweise) nicht.

Die Skepsis beruht indes auf Gegenseitigkeit. Die WeiberWirtschaft plant das erste Sanierungsvorhaben im Quartier noch vor der Eintragung eines Städtebaulichen Sanierungsgebiets. Die Nachbarschaft findet die gefühlte Invasion der „Wessi-Weiber" suspekt und fürchtet steigende Mieten. Vielleicht nicht ganz zu Unrecht, denn die WeiberWirtschaft ist Vorreiterin einer radikalen Veränderung der Nachbarschaft, die in den kommenden 20 Jahren mit einem nahezu kompletten Austausch der Wohnbevölkerung einhergehen wird. Ute Schlegelmilch und Claudia Neusüß berichten, dass selbst das Bezirksamt Mitte damals Berührungsängste hatte: „Frauen aus dem Westen waren ihnen suspekt. Diese Mischung aus Wirtschaft und Sozialem …, wir waren möglicherweise zu sehr Kapitalistinnen." (Claudia Neusüß, Interview am 13. Mai 2010)

Der Gewerbehof besteht aus mehreren Gebäuden, einem straßenseitigen Verwaltungsgebäude Baujahr 1870, mehreren um 1900 errichteten Fabrikgebäuden im Blockinnenbereich, die sich um drei Höfe gruppierten, und vielen Nebengebäuden und Remisen. Die Treuhandanstalt will 20 Mio. DM für das leerstehende Grundstück haben.

Im März 1992 gibt die WeiberWirtschaft ihre Bewerbung für den Kauf des Grundstücks ab. Das Eigenkapital beläuft sich zu diesem Zeitpunkt auf immerhin 300.000 DM. Aber eben auch nur 300.000 DM. Die Vorstandsfrauen beschließen, alles auf eine Karte zu setzen: Um den Kaufpreis nach unten zu handeln, geben sie ein teures Verkehrswertgutachten in Auftrag und gewinnen die Architektin Inken Baller dafür, in Vorleistung zu treten und ein Nutzungskonzept zu entwerfen.

Im Folgenden einige Originaltöne zu Stimmungslagen dieser Phase aus dem Interview vom 13. Mai 2010 mit damaligen Protagonistinnen:

Claudia Neusüß: „Das war vor der Unterzeichnung des Kaufvertrags. Wäre da etwas schief gegangen, hätte die Frauenprojektebewegung so schnell kein größeres Projekt mehr bewilligt bekommen und wir hätten für den Rest unseres Lebens gezahlt. Da hab ich zu Claudia Gather gesagt, ich spring aus dem Flugzeug, ich mach einen Fallschirmabsprung. Vorher kann ich das nicht. Da sagte Claudia zu mir, ‚Du hast doch überhaupt kein Geld, ist zu teuer.' Okay, hab ich gedacht, mach ich Bungee-Jumping. Dann hab ich rausgefunden, wie teuer Bungee-Jumping ist, das gab's ja damals überall. Hat 50 DM oder so gekostet. Okay, ich zu Claudia Gather, mach ich Bungee-

Jumping. Claudia Gather: ‚So'n Quatsch, jetzt gehen wir mit Dir ins Columbiabad, da kannste vom Zehnmeterbrett springen. Das kost' eins sechzig, das ist genauso gut!' Den Sprung habe ich gebraucht. Hinterher hatte ich ziemlich viele blaue Flecken. Die Aktion war für mich die mentale Voraussetzung für den Kauf!"

Ute Schlegelmilch: „Dass sich mit Ausdauer, Energie und Lust alles bewerkstelligen lässt und man ein Ziel erreicht. Die Vorstellung, mal soundso viel Quadratmeter zu bewirtschaften, das war eher Utopie. Oder mit so viel Geld zu tun zu haben, wer von uns hatte schon Ahnung von Geld? Niemand!"

Claudia Neusüß: „Für mich war das ein maximales Abenteuer. Ich hatte extreme Problemlust damals."

Ute Schlegelmilch: „Es hat zusammengepasst. Es war eine schöne, sich befruchtende Zusammensetzung im Vorstand. Und es war auch lustig, man ist gerne hingegangen."

Grundbesitz in Frauenhand

Als die WeiberWirtschaft im Oktober 1992 nach langen intensiven Verhandlungen den Kaufvertrag über die Grundstücke Anklamer Straße 38 und 39/40 für einen Preis von 12,3 Mio. DM (statt 20 Mio. DM) unterschreibt, steht das Projekt noch unter dem Finanzierungsvorbehalt. Erst viele Verhandlungen und einige Nachträge zum Kaufvertrag später steht nicht nur der Plan für die Sanierung der Gebäude, sondern vor allem auch das Finanzierungskonzept für Kauf und Sanierung. „Parellel zu den Kaufvertragsverhandlungen waren wir doch dabei, die Besetzung vorzubereiten. Wir waren fest entschlossen, wenn wir das Ding nicht kaufen können, legen wir uns mit 'nem Schlafsack rein." (Claudia Neusüß, Interview am 13. Mai 2010)

In einer legendären Housewarming-Party in den unsanierten Gebäuden im Winter 1991/92 feiern die Frauen ihre neue Immobilie mit Musik, Tanz und einer amerikanischen Versteigerung.

Claudia Gather geht in ihrem Beitrag (S. 41 ff.) der Frage nach, wie das Kunststück gelingen konnte, dass eine Frauengenossenschaft in Gründung ohne nennenswertes Eigenkapital ein riesiges Investitionsprojekt anschieben konnte. Beigetragen hat dazu mit Sicherheit auch der relativ ungeordnete politische und wirtschaftliche Rahmen, der dadurch Nischen und Handlungschancen auch für ungewöhnliche Projekte bot. Ute Schlegelmilch (S. 61 f.) erinnert sich, wie die Frauen ein klares Gespür für die historische Chance entwickelten. Zugleich aber bauen die Frauen ein breites Unterstützer_innennetzwerk auf, das von der politischen Ebene über die öffentliche Verwaltung bis hin zu vielen Einzelunterstützerinnen reicht, die u. a. eine Briefkampagne an die Treuhandanstalt starten. Die Zahl der Genossenschafterinnen steigt in der Verhandlungsphase von 188 Anfang 1992 auf 820 Frauen Ende 1994.

„Wir waren auch einmal in der Behörde, um zu hören, wann die unseren Antrag endlich beantworten. Das war kafkaesk, da standen riesige Schlangen von Menschen und keiner war da. (…) Überall Aktenberge auf den Tischen in leeren unabgeschlossenen Büros. Einen haben wir dann getroffen, dem haben wir gesagt, entweder wir bekommen unsere Bewilligung oder wir kommen wieder mit der Presse. Und dann ging es schnell." (Claudia Neusüß in einem Interview am 13. Mai 2010)

Während der Verhandlungen mit der Treuhandanstalt werden auch städtebauliche Auflagen deutlich. Auf dem unbebauten Grundstücksteil Anklamer Straße 39/40 muss ein Wohngebäude errichtet werden. Die Frauen winden sich: Ihr Projekt soll doch Gewerbefläche für Mieterinnen schaffen und nicht Wohnungen! Aber es führt kein Weg daran vorbei. Finanzieren lässt sich das Wohnhaus letztlich nur als „sozialer Wohnungsbau".

Das geplante Investitionsvolumen für Kauf und Sanierung liegt schließlich bei 36 Mio. DM. Um diese Investitionen zu refinanzieren, wird zunächst mit einer späteren Nettokaltmiete von 25 DM/qm kalkuliert. Als die Immobilienblase der frühen 1990er Jahre der Ernüchterung eines gigantischen Leerstands an Gewerbeflächen in Berlin weicht, zeigt sich, dass das eine auch nicht annähernd erzielbare Miethöhe ist! Aber das wissen die Frauen – zum Glück!? – damals noch nicht.

Die WeiberWirtschaft lässt damit die Zeiten des Frauenprojekts hinter sich und positioniert sich als Wirtschaftsunternehmen. Sie kann sich damit auf der einen Seite um Wirtschaftsfördermittel in einer Größenordnung bewerben, die in Frauenzusammenhängen bis heute nicht zur Verfügung stehen. Spätestens mit der Entscheidung für diesen Immobilienkauf wird auch ein interner Richtungsstreit entschieden: Ist man Ende der 1980er Jahre noch davon ausgegangen, das Projekt ohne das Aufnehmen von Fremdkapital, sprich Bankkrediten, zu stemmen, ist die nun erreichte Größenordnung des Projekts mit Eigenkapital nicht mehr zu machen. Dass öffentliche Fördermittel und Bankkredite wieder neue Verbindlichkeiten schaffen, ist einigen der Frauen der ersten Stunde gar nicht recht (siehe Interview mit Ricarda Buch auf S. 37 sowie die Beiträge von Ute Schlegelmilch auf S. 61 f. und Claudia Gather auf S. 41).

Der hohe Anteil von Fremdfinanzierung schafft Abhängigkeiten und führt dazu, dass Externe künftig mitreden

möchten: die Banken, verschiedene Senatsverwaltungen, der Bezirk. Die sogenannten GA-Mittel (Gemeinschaftsaufgabe Regionale Wirtschaftsstruktur) sind als Aufbau-Ost-Mittel bekannt. Sie werden Investoren in den neuen Bundesländern und damit auch der WeiberWirtschaft als Zuschuss gewährt – ein klarer Vorteil des Standorts in Ostberlin. Allerdings sind damit weitere Auflagen verbunden, am schwersten fällt der WeiberWirtschaft die Erfüllung der zehn Jahre währenden Auflage zur Vermietung ihrer Räume an Betriebe der sogenannten „Positivliste". In dieser Liste sind Branchen wie z. B. Karosserie- und Fahrzeugbauer oder Hauptverwaltungen von Industriebetrieben zusammengestellt, die als besonders förderungswürdig angesehen werden und die mit den typischerweise von Frauen gegründeten Unternehmen kaum Schnittmengen haben.

Ein weiterer wichtiger Finanzierungsbaustein ist ein großes unverzinsliches Darlehen aus dem Budget der Berliner Stadterneuerung. Die Grundstücke der WeiberWirtschaft werden später dem städtebaulichen Sanierungsgebiet „Rosenthaler Vorstadt" zugeschlagen.

Auch die Bankkredite schaffen nicht nur hohe Verbindlichkeiten für voraussichtlich einige Jahrzehnte, sondern beinhalten auch, dass die Bank in Krisenzeiten Mitspracherechte für Richtungsentscheidungen einfordert.

Auf der anderen Seite ist die Fremdfinanzierung der einzige Weg, um überhaupt an Grundeigentum in nennenswerter Größe zu kommen. Abgesehen von einer Mindestgröße, die ökonomisch notwendig ist, um dauerhaft Personalstellen zu finanzieren, spielt dabei auch das Image eine Rolle. „Hätten wir das klein gehalten, wären wir nicht ernst genommen worden." Einige der Frauen können bei der „großen Lösung", die sich abzeichnet, allerdings nicht mitgehen und trennen sich von dem Projekt. „Auch einige politisch verantwortliche Frauen hatten ja Befürchtungen. Nicht nur wegen ihrer politischen Karriere. Auch was dann zukünftige Handlungsspielräume für Frauenprojekte anbelangte. Was den Druck auch auf uns nicht eben kleiner gemacht hat. Es durfte nicht in den Sand gesetzt werden. Es gab keine Alternative zum Erfolg." (Claudia Neusüß in einem Interview am 13. Mai 2010)

Vom Frauenprojekt zur Bauherrin

Kurz nach dem Kauf der Gebäude werden die Räume erst einmal mit sogenannten vorbereitenden Baumaßnahmen so weit hergerichtet, dass sie vorübergehend an Musikbands, Möbelhändler, eine Bildhauerin usw. zwischenvermietet werden können, um erste Mieteinnahmen zu erzielen. Der Aufwand dafür ist gigantisch: „Es gab keine Heizung, es gab nur Stress", so die damalige Geschäftsführerin Ute Schlegelmilch. Auch das Büro der Weiber-Wirtschaft zieht bald von der Neuköllner Hermannstraße in den Gewerbehof in der Anklamer Straße um.

Das alte Heizhaus und der zugehörige Schornstein im 1. Hof werden abgerissen, um Platz für die Baustelle zu schaffen. 1993 beginnen die Baumaßnahmen unter der Leitung des Architekturbüros Inken Baller, das schon bei den Treuhandverhandlungen eine wichtige Rolle gespielt hatte. Für die Bauabrechnung ist das Team der Weiber-Wirtschaft zuständig. Neben der Geschäftsführerin Ute Schlegelmilch hat die WeiberWirtschaft in dieser Phase eine Pressesprecherin und zwei Verwaltungskräfte. Die Aufgaben, die nun auf das Büroteam zukommen, sind komplett neu! Der Weg vom Frauenprojekt zur feministi-schen Wirtschaftsunternehmung muss auch kulturell erst entwickelt werden. Plötzlich ist die WeiberWirtschaft eG Vermieterin und Bauherrin, muss sich mit täglich neu-en Aufgaben und den Problemen einer Großbaustelle bei sehr knappen finanziellen und personellen Ressourcen auseinandersetzen. Ute Schlegelmilch beschreibt diese Zeit als sehr kreativ und interessant: „Direkt nach dem Studium habe ich bei der WeiberWirtschaft angefangen und hatte plötzlich z. B. mit Finanzen und Bau zu tun, ohne je zuvor, auch nicht im Studium, damit zu tun gehabt zu haben. Das war eine echte Herausforderung. Rückblickend würde ich sagen, dass sich viele Sachen be-werkstelligen lassen, ohne sie im Studium oder sonst wie jemals gemacht zu haben." (Interview vom 13. Mai 2010)

Neben den Festangestellten sind ein gutes Dutzend Frau-en ehrenamtlich tätig: der dreiköpfige Vorstand Claudia Gather, Claudia Neusüß und Ute Schlegelmilch, der Auf-sichtsrat, diverse Arbeitsgruppen, die sich jahrelang in wöchentlichen Sitzungen um das Nutzungskonzept, Marketing und Einwerbung neuer Geschäftsanteile, Öf-fentlichkeitsarbeit oder die Ateliers kümmern. Die Liste der 133 Beteiligten lässt erahnen, wie unendlich viele ehrenamtliche Stunden in die Unternehmung geflossen sind. Schon in den 90er Jahren wird der Gegenwert die-ser „Hand- und Spanndienste" auf mindestens 5 Mio. DM geschätzt. Schon damals wird diese „Selbstausbeutung" aber auch problematisiert, die Frauen waren sich einig: „Ein Männerunternehmen hätte wahrscheinlich noch mehr Geld aufgenommen und die Ehrenamtlichen be-zahlt." (Ute Schlegelmilch)

Wegen der Ausmaße und des Zuschnitts der Grundstücke werden die Sanierungs- und Neubauarbeiten in zunächst drei, später sogar vier Bauabschnitte aufgeteilt.
Bauabschnitt 1 umfasst das straßenseitige Verwaltungs-gebäude. Hier entstehen in den ursprünglichen „Woh-nungen" Gemeinschaftsetagen für eine Büronutzung. Technisch gesehen verwandelt sich das Haus in einen

Neubau. Alle Dächer und Leitungssysteme werden kom-plett erneuert. So kleinteilig wie möglich werden die Räume aufgeteilt, pro Gewerbeeinheit werden Teekü-chen und Sanitärflächen zur gemeinsamen Nutzung der Mieterinnen eingerichtet. Alle Dachgeschosse werden ausgebaut. Die Gebäude werden mit einem Aufzug aus-gestattet. Im Erdgeschoss entstehen drei Ladengeschäfte. Im September 1994 wird das Gebäude feierlich eröffnet und die ersten Mieterinnen ziehen ein.

Zu diesem Zeitpunkt wird schon an **Bauabschnitt 2** ge-arbeitet, der Grundsanierung der ehemaligen Fabrikge-bäude. Hier entstehen etwas größere Gewerbeflächen, auch für produzierendes Gewerbe und Großraumbüros. Die Aufteilung in separat zu vermietende Räume mit gemeinsamen Teeküchen je Gewerbeeinheit wird beibe-halten. Außerdem werden hier die wesentlichen Infra-struktureinrichtungen untergebracht, die Frauen witzeln über ihre drei großen K's: Konferenzräume, Kantine, Kin-dergarten statt Kirche, Kinder, Küche.

Bauabschnitt 3 ist die Neubebauung des straßenseitig gelegenen Grundstücks Anklamer Straße 39/40 mit einem Wohnhaus mit 13 Wohnungen und drei Ladengeschäften. Auch dieses Gebäude wird von der Architektin Inken Bal-ler geplant und gebaut. Die Zwei- und Vierzimmerwoh-nungen sollten, so die Vorgabe der Bauherrin, besonders „frauenfreundlich" sein. So werden die Küchen nicht als separater Arbeitsraum im Grundriss versteckt, sondern als großzügige Wohnküchen an die zentralen Räume an-gegliedert. Im Rahmen der Möglichkeiten des Sozialen Wohnungsbaus, der in vielen Details deutliche Grenzen setzt, wird versucht, besonders lichte und freundliche Wohnungen zu schaffen.

Bauabschnitt 4 kommt erst nachträglich dazu. Dabei handelt es sich um den heutigen Atelierbereich, der in den alten Bauplänen noch als „Scheune" und „Pferde-stall" bezeichnet wurde. Dieser Teil des Grundstücks, eine zweigeschossige Remise „hinter Anklamer Straße 34" und die Grundmauern eines weiteren kleinen Gebäudes, wa-ren in der DDR-Zeit dem Komplex der Berlin Kosmetik zugeschlagen worden, ohne einen Zugang zur Straße zu besitzen. Die komplizierten Zugangsverhältnisse und der außerordentlich schlechte Zustand der teilweise bauauf-sichtlich gesperrten Gebäude führen dazu, dass sie ur-sprünglich vom Sanierungskonzept ausgenommen sind. Die Sanierung wird teurer als ein Neubau sein, errech-nen die Fachfrauen. Aber ein Abriss und Neubau kommen auch nicht infrage, weil dies in der hoch verdichteten Be-bauung nicht genehmigungsfähig ist.

Einige Künstlerinnen und Akteurinnen gründen eine Ar-beitsgruppe „Ateliers". Die Frauen ersinnen ein Konzept „Ateliers in der WeiberWirtschaft", mit dem nachträglich der Berliner Bausenator zu einer Aufstockung der Baukosten für die Sanierung der Ateliers bewogen wird. Schon in der Planung wird berücksichtigt, dass die Atelierflächen ganz besonders günstige Mieten haben sollen. Zudem wird diskutiert, dass die Wirtschaft dringend kreative Impulse brauche – noch ein Grund mehr, die Künste in die Nähe zu holen.

Die schon für die Schultheiss-Brauerei einige Jahre zuvor durchdeklinierte Idee, eine ökologische Sanierung durchzuführen, wird wieder tatkräftig in Angriff genommen. Gemeinsam mit der Senatsverwaltung für Stadtentwicklung wird ein Modellprojekt „Stadtökologische Sanierung" durchgeführt. Dahinter verbirgt sich ein umfassendes Konzept mit den Bausteinen Energie, Wasser, Müll, Verkehr, Begrünung, Beratung/Kommunikation. Die Gebäude der WeiberWirtschaft entsprechen noch 20 Jahre nach der Sanierung den aktuellen Anforderungen an den Klimaschutz. Für diese beispielhaften Maßnahmen erhält die WeiberWirtschaft 2004 den Baupreis des Naturschutzbundes (NABU) Deutschland. Für die Mieterinnen bedeutet das bis heute einen erheblichen Imagevorteil und sehr günstige Nebenkosten für Energie und Wasser.

Da öffentliche Mittel im Spiel sind, müssen die Bauleistungen ausgeschrieben werden. Dennoch: Die Weiber-Wirtschaft möchte gern mit Frauen-Firmen bauen und schaltet Anzeigen, um solche zu finden. Es zeigt sich, dass es keine frauengeführten Baufirmen gibt, die in der benötigten Größenordnung Aufträge ausführen können. So sind Dutzende männliche Handwerker und Bauarbeiter in der WeiberWirtschaft tätig und müssen sich immer wieder von der Presse nach dem Grad ihrer „Unterdrückung" fragen lassen. Dabei unternimmt Ute Schlegelmilch alles, um die „Jungs" zu motivieren: „Fünf Jahre zu jeder Bausitzung einen Kuchen gebacken. Ich schätze es waren 30–40 Bausitzungen pro Jahr. Dazu diverse Festlichkeiten bei der WeiberWirtschaft und zum Ansporn für die Abrissfirma auch noch einige. Es werden im Laufe der zehn Jahre ungefähr 350–400 Kuchen gewesen sein. Beim Schreiben wird mir erst die Menge bewusst."

Kein Wunder, dass die WeiberWirtschaft nicht nur im Rahmen der kalkulierten Baukosten bleibt, sondern auch die geplante Bauzeit nicht über die Maßen strapaziert. Nur der extrem harte Winter 1995/96, der die Böden bis weit ins Frühjahr hinein gefroren sein lässt, hat einige Verzögerungen zur Folge: Die Hofbefestigungen können nicht fertiggestellt werden. Eine der ersten Mieterinnen, Gerda Plate (damals Mitinhaberin der Versicherungsagentur Fair Ladies), kann heute zum Glück darüber schmunzeln, dass sie damals ihre Kundinnen bitten musste, wegen der Matschlöcher im Hof am besten mit Gummistiefeln zum Beratungsgespräch zu kommen.

Infrastruktur: Was Frauengewerbehöfe manchmal nicht brauchen und wie Unternehmenskultur lebendig wird

Die von Beginn an geplanten Infrastruktureinrichtungen werden beharrlich umgesetzt. Konferenz- und Gastronomieräume (Kantine) können über Infrastruktur-Investitionshilfen (GA-Mittel) ausgebaut werden. Ein Kindergarten ist aber in den Rahmenbedingungen für die Wirtschaftsfördermittel so gar nicht vorgesehen. Typisch und total ungerecht, urteilen die Frauen. Für die Errichtung der Kita ist also wieder ein gesondertes Konzept im Konzept notwendig. Wer soll sie später überhaupt betreiben, ist eine Betriebskita denkbar? Wie hoch wird überhaupt der Bedarf sein? Planungszahlen sind ohne die künftigen Mieterinnen gar nicht zu liefern. Die Gesprächspartner in den Behörden winken ab: Welche Frau wird schon Unternehmens- und Familiengründung in die gleiche Lebensphase legen? Gründerinnen – so heißt es – haben doch gar keine kleinen Kinder.

Aber es ist den WeiberWirtschafts-Frauen ein politisches Kernanliegen, die Kita zu bauen! Erst wenn eine solche Infrastruktur da ist, so ihre Gegenrede, können sich Frauen frei in ihrer Familien- und Gründungsplanung entscheiden.

Die Lösung ist schließlich die: Die WeiberWirtschaft startet zur Finanzierung des Ausbaus der Räume eine Sponsoring-Kampagne, vor allem bei den beteiligten Baufirmen. Das legendäre Benefiz-Fußballspiel gehört zu den Fundraisingaktivitäten, die zur Finanzierung beitragen. Und es gelingt auch tatsächlich, den kindgerechten Ausbau mit tatkräftiger Unterstützung diverser Handwerksbetriebe komplett zu finanzieren.

TOR! TOR! TOOOOOR!

„Pünktlich um 16 Uhr fing es am Freitag, den 26. April 1996, an zu regnen. Die Würstchen wurden naß, die Tombola-Preise der Unternehmerinnen aus dem Gründerinnenzentrum wurden auch naß, Kaffee und Kuchen der Kita-Eltern auch. Der Bezirksbürgermeister Herr Zeller, Jugendstadträtin Frau Mendel, Finanzstadtrat Herr Dr. Heuer, Sportamtsleiter Herr Schmidt und der Bezirksschiedsrichter Herr Brembach wurden nass, und auch die Männer vom Bau blieben nicht trocken. Trotzdem fielen jede Menge Tore beim ersten großen BENEFIZ-FUSSBALL-SPIEL für die Kita im Gründerinnenzentrum. Am meisten bei der FrauMannschaft der WeiberWirtschaft (Juchhu, wir haben GEWONNEN!!!!). Zu den fröhlichen Verlierern gehörten die FrauMannschaft des Bezirksamtes Berlin-Mitte und die Eltern-Kindschaft der Kita vom Arkonaplatz."
(Monika Damm im Rundbrief Mai 1996)

Die gut hergerichteten Räume werden an eine bislang kommunale Kindertagesstätte vermietet, die aus der Nachbarschaft in die WeiberWirtschaft zieht und gleichzeitig von einem privaten Träger übernommen wird. Und wieder profitiert die WeiberWirtschaft massiv von ihrem Standort im Ostteil der Stadt. Öffnungszeiten von bis zu zwölf Stunden pro Tag? Krippe für die ganz Kleinen? Kein Problem, gab's hier immer schon!

Im Mietvertrag über die Räume wird ein Belegungsrecht für die Kinder von Genossenschafterinnen und Mitarbeiterinnen am Standort über zunächst fünf Plätze festgeschrieben. Bei späteren Erweiterungen der Kita wird das Belegungsrecht wegen der hohen Nachfrage auf alle 69 Plätze ausgedehnt.

Auch die komplett ausgestattete Kantine/Restaurant wird an ein Frauenunternehmen vermietet. Und auch hier gibt es eine Sondervereinbarung: Als Gegenleistung für den kompletten Ausbau und die Ausstattung der Räume müssen sich die Nutzerinnen verpflichten, preiswertes Mittagessen anzubieten.

Die dritte Infrastruktureinrichtung, der Konferenzbereich, braucht ebenfalls ein gutes Betreiberinnen-Konzept. Die Räume sollen den Gründerinnen vor Ort für Konferenzen und Besprechungen zur Verfügung gestellt und zusätzlich an externe Kund_innen vermietet werden. Lange interne Diskussionen (Positionspapier „Profitcenter oder Schuldenfalle?") münden in die Entscheidung, den Konferenzbereich als Eigenbetrieb der WeiberWirtschaft zu führen.

Selbstverständlich gibt es noch mehr Pläne: Lange wird über eine gemeinsame Telefonanlage diskutiert. Die Entscheidung fällt schließlich dagegen aus. Die Mieterinnen haben seinerzeit viel zu unterschiedliche Anforderungen an die technische Ausstattung. Auch Büroservice-Angebote oder gemeinsame Materialbestellungen können sich damals mangels Nachfrage nicht etablieren.

Die „Männerfrage" ist die am heftigsten umstrittene in der Planungsphase. Soll man tatsächlich Männer als Mitarbeiter der Gründungsunternehmen zulassen? Etliche Genossenschafterinnen drohen mit Austritt, sollten Arbeitsplätze für Männer entstehen. Die Mehrzahl der Genossenschafterinnen entscheidet schließlich pragmatisch: Wir können den Unternehmerinnen nicht in ihre Geschäftspolitik reden. Aber wir können natürlich vor Mietvertragsabschluss prüfen, wie das Verhältnis der Arbeitsplätze von Männern und Frauen ist. Bis heute ist jedem Mietvertrag eine Präambel beigefügt, die eine Selbstverpflichtung der Mieterin enthält, hauptsächlich Arbeitsplätze für Frauen zu schaffen.

Von der Bauherrin zur Vermieterin

Im September 1994, mit Fertigstellung des ersten Bauabschnitts, ziehen die ersten Mieterinnen ein, die Weiber-Wirtschaft ist auf die Mieteinnahmen angewiesen. Damals ist die Vermietung bei laufendem Baubetrieb gleich neben eine riesige Belastungsprobe für alle Beteiligten. Ute Schlegelmilch und Isabel Rothe beschreiben in ihren Beiträgen die Konflikte mit den Mieterinnen in den ersten Jahren und wie lange es dauerte, bis die Nutzerinnen ein „ownership" an dem Standort entwickelten.[5]

1996 im September wird die Gesamteröffnung des Zentrums gefeiert. Die damalige Berliner Frauensenatorin und spätere Bundesfrauenministerin Ingrid Bergmann hält die Eröffnungsrede. Die Vermietung aller Bereiche kann losgehen!

Schon in den langen Jahren der Planung sind systematisch und ordnerweise die Interessensbekundungen von Unternehmerinnen und Gründerinnen zum Einzug gesammelt und dokumentiert worden. Die allermeisten haben zum Zeitpunkt der Fertigstellung des Zentrums aber längst einen anderen Firmenstandort gewählt oder sich insgesamt umorientiert. So beginnt nun die Suche nach neuen Mieterinnen.

Inzwischen hat sich der Immobilienmarkt in Berlin komplett verändert. Einige Jahre zuvor waren die Preise noch hoch und der Gewerberaum zu knapp für die großen Ambitionen der künftigen Hauptstadt – 1996 jedoch ist die Blase längst geplatzt. Hunderttausende Quadratmeter neu sanierter oder errichteter Gewerbeflächen stehen leer und die Preise sind massiv günstiger geworden. Waren 25 DM netto Kaltmiete pro Quadratmeter im Planungsjahr 1992 noch ein „Schnäppchen", muss 1996 niemand mehr so tief in die Tasche greifen. So sieht sich die WeiberWirtschaft in der neuen Funktion als Vermieterin erstens einer großen Konkurrenz gegenüber und zweitens kann sie die ursprünglich geplanten Mieteinnahmen nicht erzielen. Die Mieten werden gesenkt und den neuen Bedingungen angepasst.

Wirtschaftlich geht es der Unternehmung also schlecht. Zwar steigt die Vermietungsauslastung nach und nach, aber der geplante „Boom" tritt nicht ein. Die WeiberWirtschafts-Frauen sparen, wo es geht, und versuchen nach

---

5 Unter dem Begriff ownership diskutierte eine der Tagungen des Netzwerks der Gründerinnen- und Unternehmerinnenzentren die in allen Zentren relevante Frage, ob und wie man eine wechselnde Mieterinnenschaft mit einem Standort versöhnen kann (Dörte Behrmann: Frauengewerbe- und Gründerinnenzentren: Netzwerke bilden – Netzwerke stabilisieren. Die Dokumentation zur 2. Konferenz der Frauengewerbe- und Gründerinnenzentren März 2001, Weiber-Wirtschaft eG, Mai 2001). Heute scheint das in der WeiberWirtschaft gut gelungen, vermutlich auch, weil das Binnenverhältnis zwischen Verwaltung und Mieterin heute klaren Regeln folgt.

wie vor viele andere Frauen zum Beitritt zu bewegen. Denn auch eine Vergrößerung des Eigenkapitals und dadurch eine Verringerung der Zinslast sind eine Möglichkeit zur Entspannung der Wirtschaftslage.

Die Bank bekommt kalte Füße, sie sieht die Kreditsicherheit schwinden und verlangt von der WeiberWirtschaft im Sommer 1996, künftig auch an Männer zu vermieten. Die Genossenschafterinnen stehen Kopf: So haben sie sich das nicht gedacht, erst den Gewerbehof mit viel Mühe aufbauen und dann an Männer vermieten? Die Generalversammlung diskutiert und weigert sich, auf diese Forderung einzugehen. Die Vorständinnen wiederum pochen ebenfalls auf Entscheidungsspielraum in der „Männerfrage", sollte das wirtschaftliche Überleben der Genossenschaft infrage gestellt sein, müsse auch der Vorstand Handlungsspielraum bekommen. Als Entgegenkommen an die Bank und den Vorstand wird eine Regelung getroffen, dass nach strenger Einzelfallprüfung durch den Aufsichtsrat sogenannte „gemischte" Unternehmen, in denen auch Männer Verantwortung tragen, einziehen dürfen. Zu diesen „gemischten" Betrieben gehören in der Praxis häufig Familienunternehmen oder Mietparteien, deren inhaltliche Arbeit mit den Zielen der Genossenschaft korrespondiert, z. B. der Trägerverein des Kindergartens Fröbel e. V. Es handelt sich aber stets um wenige Ausnahmen.

Auch zeigt sich, dass die Liquidität des Unternehmens zwar mit Mühe und Not gewährleistet werden kann, die Abschreibungen auf die Immobilien mit immerhin 600.000 DM pro Jahr sind aber beim besten Willen nicht zu erwirtschaften. Am 22. März 1997 muss eine außerordentliche Generalversammlung feststellen, dass die bilanziellen Verluste der WeiberWirtschaft die Summe des Geschäftsguthabens, das sich aus den eingezahlten Anteilen zusammensetzt, übersteigen. Ab sofort können gekündigte Geschäftsanteile also nicht mehr ausgezahlt werden, sie werden seither mit dem Verlust verrechnet.

Altlastenalarm

In diese ohnehin schon schwierige Situation platzt 1998 die Nachricht von einem Altlastenfund im Gebäude. In den Geschossdecken der alten Fabrik wird ein alter, kontaminierter Baustoff entdeckt, der zu Raumluftkontaminationen in den Etagen führt und der die Genossenschaft kurz vor die Insolvenz treibt, denn es wird eine zweite umfassende Altlastensanierung notwendig, die erneut erhebliche Investitionen erfordert. Isabel Rothe und Sabine Smentek beschreiben eindringlich diese Katastrophe und ihre Bewältigung. Alle Ressourcen der Genossenschaft werden noch einmal mobilisiert und es gelingt nicht nur eine erneute Sanierung zu finanzieren und durchzuführen, sondern die Genossenschaft auch noch einmal erheblich zu vergrößern! Diese medial intensiv begleitete Phase macht die Genossenschaft prominenter als je zuvor.

Nach dem Abschluss der Altlastensanierung 2000 steigt die Vermietungsauslastung rasch auf über 90 % an und liegt seit 2010 konstant bei 100 %. Mietinteressentinnen müssen sich mit einem Eintrag auf einer Warteliste begnügen. Die Fluktuation ist vergleichsweise klein, denn die Mietdauer ist nicht begrenzt, nur müssen Mieterinnen seit 2014 ab dem elften Mietjahr mit einer höheren jährlichen Mietsteigerung rechnen. Auszüge finden häufig dann statt, wenn die Unternehmensentwicklung einen anderen Standort erfordert, z. B. wenn die Möglichkeiten zur räumlichen Erweiterung in der WeiberWirtschaft ausgeschöpft sind.

Gewerbemieterinnen

Das Gründerinnenzentrum bietet Flächen für Ladengeschäfte, Büros und Werkstätten bzw. kleine Produktionsbetriebe. Die Planerinnen wünschen sich eine möglichst große Branchenvielfalt. Aber natürlich wird an diejenigen vermietet, die sich auf der Suche nach einer Fläche zuerst an die WeiberWirtschaft wenden.

Mietinteressentinnen müssen in der WeiberWirtschaft ein Aufnahmeverfahren durchlaufen: Ein vierköpfiges „Nutzungsgremium" aus zwei gewählten Vertreterinnen der Mieterinnenschaft und zwei Vertreterinnen des Vorstands trifft die Entscheidung über Neueinzüge. Die in der Geschäftsordnung des Gremiums 2007 fixierten Grundsätze der Entscheidung sind die Wirtschaftlichkeit des Vorhabens und die Frage nach der Konkurrenz zu einem bereits ansässigen Unternehmen. In der Praxis genießen die Mieterinnen der WeiberWirtschaft also Konkurrenzschutz.

Frauen, die einziehen möchten, müssen ihre inhaltlichen und wirtschaftlichen Pläne vorlegen. Dieser Businessplan bzw. diese Unternehmensbeschreibung wird dem Gremium zur Verfügung gestellt. Das Gremium lädt die Mietinteressentin in der Regel zu einem Gesprächstermin ein und entscheidet unmittelbar danach über den Einzug.

Ablehnungen von neuen Mieterinnen gibt es allerdings ganz selten. Meist versucht die Verwaltung schon im Vorfeld mögliche Konkurrenzprobleme zu klären und/oder vermittelt Unterstützung bei der Planung des Vorhabens. Die neuen Mieterinnen müssen in die Genossenschaft eintreten. In den Mietverträgen wird in einer Präambel noch einmal eigens auf die Ziele der Organisation – die Förderung von Frauen und die Schaffung von Arbeitsplätzen für Frauen – hingewiesen.

Die Aufteilung der Räume auf den Etagen wird immer wieder wechselnden Anforderungen angepasst. Kleinere Aus- und Umbauten sind daher bis heute an der Tagesordnung. Das Konzept kleiner Räume hat sich bewährt und wird nach wie vor gut angenommen. In den Etagen sind Teeküchen und Sanitärflächen für mehrere Mieterinnen gemeinsam eingerichtet. So gibt es Treffpunkte für die häufig „soloselbständigen" Frauen, an denen sie sich unkompliziert mit ihren Nachbarinnen austauschen können. Die Höfe und die Kantine/Restaurants sind weitere Orte des Austauschs. So begünstigt auch die architektonische Konstellation die erwünschten Synergieeffekte und den Know-how-Transfer unter den Mieterinnen.

Schon in der Planung waren verschiedene Qualitäten von Räumen vorgesehen. Auch gewerbliche Gründungen und Handwerksbetriebe sollen passende Räume finden. Im Vorderhaus sind Büros und Ladengeschäfte untergebracht, in den Hofgebäuden auch Werkstätten und Räume für Manufakturbetriebe. Aber nur wenige Handwerks- und Produktionsbetriebe haben den Weg in die WeiberWirtschaft gefunden, sie sind seltene Ausnahmen geblieben. Heute überwiegen die Dienstleistungsunternehmen und die meisten Neugründungen sind derzeit im Bereich Kreativ- und Gesundheitswirtschaft zu finden.

Auch nach anderen Kriterien wie Herkunft und Alter ist die Zusammensetzung der Mieterinnenschaft heterogen. Der Anteil der Frauen mit Migrationshintergrund ist mit bis zu 20 % höher als in konventionellen Gründer- und Technologiezentren.

Seit der Eröffnung 1996 sind mehr als 300 Gründungen am Standort erfolgt. An die 70 % von ihnen haben die ersten drei schwierigen Geschäftsjahre erfolgreich überstanden. Dennoch sind wirtschaftliche Probleme in der Gründungsphase an der Tagesordnung (siehe hierzu den Beitrag von Margrit Zauner auf S. 65 ff.). In solchen Fällen steht die Verwaltung heute als Ansprechpartnerin zur Verfügung und versucht, Hilfsangebote zu organisieren. Wenn ein Sanierungsplan vorgelegt wird, sind in Einzelfällen auch Mietstundungen möglich. So kann das Solidargefüge der Genossenschaft über manche Krise hinweghelfen.

Für die unweigerlichen internen Konflikte wird ebenfalls eine Lösung gesucht. Denn die Genossenschaft hat ein hohes Interesse daran, dass die interne Kommunikation der ansässigen Mieterinnen störungsfrei funktioniert. Nur so können die Synergieeffekte greifen. So legt sie durch die Einrichtung eines internen Mediationsangebots KLÄRWERK mit gutem Erfolg die Grundlage dafür, dass nicht zu viel Energie für interne Auseinandersetzungen über Streitpunkte wie Parkplätze oder Mülltonnen aufgewendet wird.

Wohnungsmieterinnen

Auch im 1995/96 neu errichteten Wohnhaus ziehen rasch die ersten Mieterinnen ein. Die Vermietungskonditionen im öffentlich geförderten Wohnungsbau setzen den Ideen der Frauen deutliche Grenzen. Eine der Visionen war, dass das Gebäude gerade alleinerziehenden Frauen ein Zuhause bieten soll. Die könnten doch ihre Wohnberechtigungsscheine zusammenlegen und eine der großen Wohnungen beziehen, sich Kinderbetreuung und Haushalt teilen. Die öffentliche Förderpraxis macht es unmöglich, das Ergebnis längerer Verhandlungen ist, dass Wohngemeinschaften nicht einziehen dürfen.

Enttäuscht trösten sich die Frauen damit, dass das Wohnhaus vermutlich deutlich länger stehen wird als die Regeln des sozialen Wohnungsbaus gelten werden, und die Ideen der Genossenschaft eben in diesem Fall erst später realisiert werden können.

Dieses Ereignis – die Entlassung aus dem Programm des sozialen Wohnungsbaus – tritt dann deutlich früher ein als gedacht: Das Land Berlin beendet wegen seiner hohen Verschuldung das öffentliche Wohnungsförderprogramm 15 Jahre eher als ursprünglich kalkuliert. Seit Mitte 2011 sind die Wohnungen nicht mehr an das Programm gebunden. Seither fallen natürlich auch die Zuschüsse zur Kostenmiete weg. Diese Entscheidung hat die Genossenschaft auf der einen Seite wirtschaftlich in massive Bedrängnis gebracht – die Kostenmiete übersteigt die Mieterinnen-Miete deutlich! Der Effekt ist, dass das Wohnhaus mit den Mietträgen aus dem Gründerinnenzentrum „über Wasser" gehalten wird. Die Mieten werden auf die ortsübliche Miete erhöht und die Genossenschaft muss aus wirtschaftlichen Gründen versuchen, so viel Miete wie nur möglich von den Wohnungsmieterinnen zu bekommen ... nicht ohne intern sehr kontrovers zu diskutieren, in welchem Maße sie damit zur Gentrifizierung des Quartiers beiträgt.

Auf der anderen Seite sind nun auch andere Wohnformen in den Wohnungen möglich ... wenn denn mal eine frei wird. Das Wohnhaus ist seit seiner Fertigstellung zu 100 % vermietet und es gibt wenig Fluktuation unter den Mieterinnen.

Ehrenamt und Mitarbeiterinnen

Die Genossenschaft hat sich von einem Frauenprojekt zu einem feministischen Unternehmen entwickelt – ohne ihr Satzungsziel je in Frage zu stellen. Ein Zielbaum strukturiert heute die laufende Arbeit der WeiberWirtschaft (siehe dazu Interview mit dem Vorstand auf S. 91 ff.)

Bis heute sind die Leitungsgremien Vorstand und Aufsichtsrat rein ehrenamtlich besetzt. Ihre Arbeit wird seit 2005 durch eine Vereinbarung nach dem Corporate

Governance Kodex strukturiert. Eine der Vorstandsfrauen ist zugleich Geschäftsführerin und damit Chefin über das neunköpfige Mitarbeiterinnenteam, das den Gewerbehof und die Genossenschaft verwaltet und den Eigenbetrieb „Tagungsbereich" führt. Außerdem ist die WeiberWirtschaft seit 1998 Ausbildungsbetrieb.

Im Ehrenamt sind zusätzlich eine Vielzahl von Frauen in den verschiedenen Gremien und phasenweisen Arbeitsgruppen tätig. Bislang ist es der Genossenschaft gelungen, auch regelmäßig jüngeren Nachwuchs für die ehrenamtliche Arbeit zu begeistern.

Bei der Entwicklung einzelner neuer Projekte und Dienstleistungen wird häufig die Zusammenarbeit mit verschiedenen Hochschulen und Ausbildungseinrichtungen gesucht, die WeiberWirtschaft gilt als Forschungsfeld und profitiert umgekehrt kontinuierlich von den Innovationsimpulsen der Hochschulen. An der Universität der Künste Berlin werden im Studiengang Gesellschafts- und Wirtschaftskommunikation im Rahmen von Projektarbeiten Konzepte für die Öffentlichkeitsarbeit entwickelt (1992 und 1999). Am Institut L4 wird im Jahr 2000 die zweite Website entworfen. Studierende der Technischen Universität aus dem Bereich Social Entrepreneurship unterstützen die Genossenschaft von 2009 bis 2012 bei der Projektentwicklung – um im Gegenzug selbst von der Expertise der Genossenschaft zu profitieren. Die Genossenschaft wirkt immer wieder selbst bei Forschungsvorhaben mit.

Die WeiberWirtschaft ist inzwischen weit über die Grenzen Deutschlands bekannt. Besucher_innengruppen aus vielen Ländern haben den Gewerbehof seit seiner Entstehung besucht. Zahlreiche öffentliche Auszeichnungen tragen außerdem zur Popularität bei.

Warum die WeiberWirtschaft immer noch Geld braucht

Ein Großteil der Investitionen in den Gewerbehof von seinerzeit 18,6 Mio. Euro wurden über öffentliche Darlehen und Bankkredite finanziert. Ein Großteil der Erträge der WeiberWirtschaft – rund 200.000 Euro jährlich – fließt bis heute in die Verzinsung der Darlehen. Die Frauen träumen davon, dieses Geld für die Unterstützung weiterer Frauenprojekte zu verwenden. Auch in diesem Punkt ist die Genossenschaft ihrem ursprünglichen Konzept treu geblieben und hat es punktuell mit Gründerinnenzentrale und Mikrokreditangebot bereits umgesetzt.

Gründerinnenzentrale

Seitdem die WeiberWirtschaft eine feste und bekannte Adresse hat, melden sich Berlinerinnen wie selbstverständlich bei ihr, weil sie annehmen, dass es auch eine Anlaufstelle für alle Fragen rund um die Existenzgründung sei. Die Frauen in der Verwaltung können dieser Nachfrage aber gar nicht gerecht werden.

2002 entwerfen Frauen aus Vorstand und Aufsichtsrat daher zum ersten Mal ein Konzept für eine Erstanlaufstelle für Frauen. Sie stellen rasch fest, dass eine solche Dienstleistung sich nicht wirtschaftlich wird tragen können, und wenden sich mit der Bitte um Unterstützung an die zuständigen Senatsverwaltungen ... immer wieder. 2006 haben sie endlich Erfolg: Die „Gründerinnenzentrale in der WeiberWirtschaft – Navigation in die Selbständigkeit" entsteht. Formal ist die Gründerinnenzentrale ein Projekt des unabhängigen Trägervereins WeiberWirtschaft e. V. und nicht der eG.

Die Gründerinnenzentrale bietet seither Orientierungsberatung für Frauen auf dem Weg in die Selbständigkeit, viele Vernetzungsformate und Qualifizierungsangebote an. Sie versteht sich nicht als Beratungseinrichtung, sondern als Orientierungseinrichtung, und hat ein breites Netzwerk von spezialisierten Einrichtungen und Beraterinnen aufgebaut, an die weitervermittelt wird. Die „Frauenfreundlichkeit" der anderen Einrichtungen ist dabei natürlich ein wichtiges Kriterium. Finanziell steht die Gründerinnenzentrale auf drei Standbeinen: Das sind Zuschüsse vom Land und dem ESF, Einnahmen von Teilnehmerinnen und Kooperationspartnerinnen und ein Zuschuss der Genossenschaft. Die Gründerinnenzentrale ist Mieterin der WeiberWirtschaft und residiert gut erreichbar in einem straßenseitigen Ladengeschäft. In der Praxis sind viele Veranstaltungen Gemeinschaftsvorhaben von Genossenschaft und Verein.

Mikrokredite

Schon in den 1990er Jahren kommt in den Thinktanks der WeiberWirtschaft zum ersten Mal die Idee auf, eine eigene Bank zu gründen, um Frauen bei der Finanzmittelbeschaffung zu unterstützen. Gerade Kredite mit kleinen Beträgen, das ist seit vielen Jahren klar, sind bei den Banken gar nicht zu bekommen. Dass eine Bankengründung gar nicht so einfach ist, machte das leider gescheiterte Projekt der Frauenbank in den 1990er Jahren deutlich. Wenn schon keine Bank, dann doch wenigstens Mikrokredite! Schließlich beobachten die Frauen immer wieder, wie vielversprechende Gründungsvorhaben an vergleichsweise kleinen Summen scheitern.

Federführend für den Bereich Finanzierung ist in Berlin seit Jahrzehnten der ebenfalls aus der unabhängigen

Frauenbewegung erwachsene Verein Goldrausch. 2010 lässt sich Goldrausch als Mikrofinanzinstitut im Rahmen des neu geschaffenen Mikrokreditfonds der Bundesregierung akkreditieren und erhält damit die Sondergenehmigung von der Staatlichen Bankenaufsicht, Mikrokredite an Frauen zu vergeben. Rasch neigt sich das Budget von Goldrausch dem Ende zu.

Die WeiberWirtschaft springt ein. Eine Sondergenehmigung des Bundesministeriums für Arbeit, nach einem Besuch der zuständigen Ministerin Ursula von der Leyen ermöglicht, führt zu einer bis dahin einmaligen Konstruktion: Die WeiberWirtschaft stellt Sicherungskapital zur Verfügung, Goldrausch vergibt aus diesem Fonds Mikrokredite an Gründerinnen und Unternehmerinnen aus der Genossenschaft. Die Mitglieder der WeiberWirtschaft stocken das Eigenkapital zu diesem Zweck noch einmal um 30.000 Euro auf. Seit März 2013 gibt es also einen hauseigenen Mikrokredit.

Freikaufen

Jeder neue Geschäftsanteil fließt in die Schuldentilgung, zusätzlich zu den Tilgungsraten, die das Gründerinnenzentrum erwirtschaftet. Seit 2002 wird die fortschreitende Entschuldung durch „freigekaufte" Flächen im Gründerinnenzentrum visualisiert. So wird deutlich, dass die WeiberWirtschaft ihre Immobilie Stück für Stück von der hohen Kreditbelastung befreit und damit dauerhaft für ihren Satzungszweck einsetzen kann.

2002 errechnen wir, dass auf jedem Quadratmeter Nutzfläche noch 736 Euro Schulden liegen. Für das symbolische „Freikaufen" zählen wir sowohl neue Anteilszeichnungen als auch die planmäßigen Tilgungsraten zusammen. Von 2002 bis Ende 2013 wird ungefähr ein Drittel der Gesamtfläche von Bankschulden „freigekauft".

„Freigekaufte" Flächen werden auf den Namen einer prominenten Frau, die wir dauerhaft in unserem Zentrum verewigen möchten, umgetauft. Am Eingang jeder dieser Gewerbeeinheiten wird ein Schild mit dem neuen Namen angebracht. Auf der Website der WeiberWirtschaft www.weiberwirtschaft.de kann man biografische Hinweise zu allen Namenspatinnen finden.

Das „Freikaufen" ist indes nur ein Symbol dafür, dass es der Genossenschaft im Gegensatz zu den Anfangsjahren heute wirtschaftlich immer besser geht. Die 100%ige Vermietungsauslastung, eine sehr gute Entwicklung des Eigenbetriebs „Tagungsbereich" und die Mitarbeit an diversen fremdfinanzierten Projekten führen zu immer weiter ansteigenden Umsätzen. Auch sparsames und umsichtiges Wirtschaften gehört natürlich zum Selbstverständnis. Dennoch kann die WeiberWirtschaft bis heute ihre hohen Abschreibungen nicht in voller Höhe erwirtschaften und hat deshalb ein bilanzielles Minus aufgebaut. Da es ausreichend „Stille Reserven" im Wert der Immobilie gibt, ist diese Situation nicht existenzbedrohlich. Diese Konstellation wird sich erst im Jahr 2020 ändern, wenn die Immobilie vollständig abgeschrieben ist.

Obwohl gekündigte Geschäftsanteile also nach wie vor nicht ausgezahlt werden können, wächst die Genossenschaft jedes Jahr weiter. Die Mitglieder kommen inzwischen mehrheitlich nicht aus Berlin und unterstützen ihre WeiberWirtschaft aus der Ferne. Sie werden regelmäßig über die Entwicklungen in der WeiberWirtschaft informiert – drei- bis viermal im Jahr erscheint der „Rundbrief", mindestens monatlich die Infomail mit Hinweisen auf aktuelle Veranstaltungen, über die Website verbindet die Genossenschafterinnen ein passwortgeschützter Fachfrauenpool.

Einige Angebote der Genossenschaft sind ausschließlich für Mitglieder zugänglich (Mieträume, Mikrokredite, Mentoring) oder deutlich günstiger als für Externe (Tagungsbereich). Doch die Motivation für den Beitritt und die Zeichnung weiterer Anteile liegt im ideellen Bereich: Es geht um den Wunsch, unsere Gesellschaft aktiv zu verändern, es geht darum, an einem prominenten Beispiel deutlich zu machen, dass es sinnvoll und richtig ist, die Verbesserung der Bedingungen für Frauen in der Wirtschaft und damit in unserer Gesellschaft voranzutreiben. Und es geht darum zu zeigen, was Frauen gemeinsam auf die Beine stellen können.

Die Pläne für die Zukunft der WeiberWirtschaft sind vielfältig. Weitere Angebote für Gründerinnen und Unternehmerinnen, weitere Gründerinnenzentren … Wenn die Entscheidung eines Tages ansteht, hat jede Genossenschafterin eine Stimme.

1989–1991

Die ersten Flyer

1991 WeiberWirtschaft eG in Gründung

1991 WeiberWirtschaft eG in Gründung

April 1991: Erste Generalversammlung der WeiberWirtschaft eG in Gründung

Pressefoto, 1991

FRAUENGENOSSENSCHAFT

Die WeiberWirtschaft

Das Projekt WeiberWirtschaft in Berlin nimmt konkrete Formen an. Bis Ende 1993 will die Genossenschaft ein Eigenkapital von mindestens 1 Million DM für einen Gewerbehof zusammenhaben.

Contraste Juni 91

Weiber-Wirtschaft

zitty Sep.4.91

Den drei K's „Kinder, Küche, Kirche" wollen 140 Berliner Frauen endlich entkommen: „WeiberWirtschaft", eine alternative Genossinnenschaft, gibt

und -projekte bietet. Was heute schreckhafte beschlipste „Herren" erblassen lassen dürfte, war in den ersten dreißig Jahren unseres Jahrhunderts durchaus üblich, und erst die Nationalsozialisten verboten die Genossinnenschaften. Noch steht die Alternative zum männerbeherrschten Wirtschaftsunter-

Tsp. 8.9.91 **Die Männer müssen draußen bleiben**

Die Genossenschaft „Weiberwirtschaft" will einen Gewerbehof für Frauen

BERLIN, im September |

29

1992 Grundstücksbesichtigungen

Sabine Hübner, 1992

Ricarda Buch, 1992

März 1992: Das Grundstück der ehemaligen Berlin Kosmetik in der Anklamer Straße

1992

Mai 1992: Zweite Generalversammlung; v.l.n.r.: Claudia Neusüß, Ute Schlegelmilch, Heike Skok, Sabine Hübner

© Birgit Kleber

Sommer 1992: Ute Schlegelmilch und Monika Hamm vor der Anklamer Straße 38

Sommer 1992 Kaufverhandlungen mit der Treuhandanstalt

Atelier vor der Sanierung

Unterzeichnung der Kaufabsichtserklärung: Im Bild Ute Schlegelmilch, Claudia Gather, Claudia Neusüß und Sieglinde Klöpfer

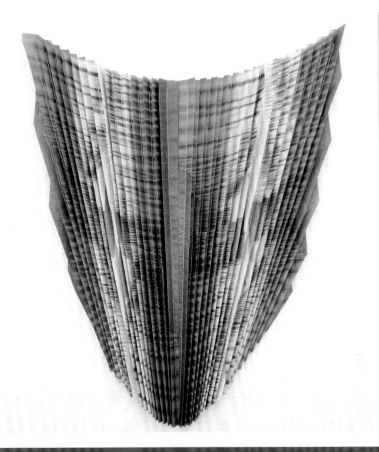

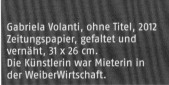

Gabriela Volanti, ohne Titel, 2012
Zeitungspapier, gefaltet und
vernäht, 31 x 26 cm.
Die Künstlerin war Mieterin in
der WeiberWirtschaft.

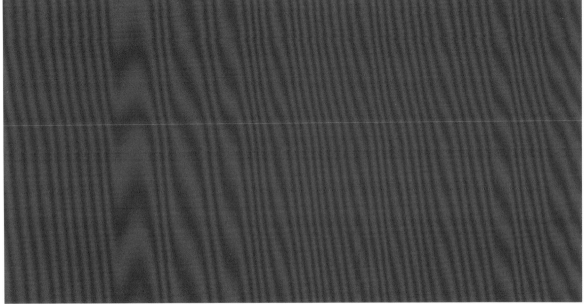

Ricarda Buch: „Ich bin mit der Idee zu jedem Mikrofon gerannt, das ich finden konnte"

Beitrag aus dem Rundbrief Oktober 2007

Ricarda Buch war maßgeblich an der „Erfindung" der WeiberWirtschaft beteiligt, sie war Gründungsmitglied und in den Jahren 1989 bis 1992 erste Geschäftsführerin der Genossenschaft. Katja von der Bey sprach mit ihrer Vor-Vorgängerin.

Katja von der Bey (WW): Ricarda, wie seid Ihr damals auf die Idee zur WeiberWirtschaft gekommen?

Ricarda Buch (RB): In den 80er Jahren beschäftigte ich mich mit alternativen ökonomischen Kreisläufen und gehörte zu den Gründer_innen der Ökobank. 1987 gab es einen Frauenkongress in Berlin zum Thema „Arbeitsplätze selber schaffen". Da traf ich dann auf Sabine Hübner und Gerda Lischke, die sich mit Existenzgründerinnenforschung beschäftigten. Der Workshop war brechend voll. Die sozialen Projekte beklagten die fehlenden Fördermittel, die Gründerinnen sprachen über die schwierigen ökonomischen Rahmenbedingungen. In der Debatte entstand die Idee, alternative ökonomische Kreisläufe mit Existenzgründerinnenförderung durch den Erwerb von Grundstücken zu verbinden. Einmal sollte zum Vorteil der Gründerinnen der Spekulationskreislauf unterbrochen werden und Überschüsse aus der Immobilie könnten in soziale Frauenprojekte fließen. Als mich nach der Veranstaltung Sabine Hübner dann fragte ‚Und wie machen wir jetzt weiter?', habe ich erstmal einen Schreck bekommen.

WW: Aber offensichtlich habt Ihr weitergemacht!

RB: Ja, wir haben den Verein WeiberWirtschaft gegründet. Im Rahmen der Maßnahme „Zukunftsoffensive für Frauen" (ZOFF) konnte ich dann eine Stelle für die Weiber-Wirtschaft schaffen. Ich bin dann mit der Idee zu jedem Mikrofon gerannt, das ich finden konnte. Die haben mich alle für verrückt gehalten!

WW: Und wie kam es dann zur Gründung einer Genossenschaft?

RB: Durch die Ökobank hatte ich schon einige Erfahrung mit der Genossenschaftsgründung. Wir hatten alternativ auch über eine Stiftung nachgedacht. Am Computer eines Bekannten habe ich dann in tagelanger Kleinarbeit eine Mustersatzung für uns umgebaut. Das Grundstück sollte dauerhaft in der Hand von Frauen bleiben, also stellte sich auch früh die Frage, wie wir das mit der Vererbung von Anteilen regeln. Wir konnten schließlich nicht das Erbschaftsrecht ändern.

WW: Und doch habt Ihr bis zur Gründungsversammlung 1989 eine kluge Regelung gefunden, die wir bis heute praktizieren. Genossenschaftsanteile müssen von männlichen Erben innerhalb einer bestimmten Frist an Frauen weitergegeben werden. Wurde es dann nach der Gründung eigentlich leichter?

RB: Nach 1989 konnten über eine Anschubfinanzierung des Senats zwei Stellen finanziert werden und Ute Schlegelmilch kam dazu. Es war schon sehr viel Arbeit für zwei Frauen. Wir haben neben der Konzeptentwicklung noch Öffentlichkeitsarbeit gemacht, ein Grundstück gesucht und viele Ehrenamtliche koordiniert.

WW: Du bist 1992 im Jahr des Grundstückskaufs von Deinem Amt zurückgetreten. Gab es einen konkreten Grund?

RB: 1992 arbeitete ich schon für das Projekt REA, das Beratung und Qualifizierung für Frauenprojekte in Ostberlin anbot, und darauf wollte ich mich dann auch konzentrieren. Aber Du hast recht. Ich war 1992 auch gegen den Kauf unseres heutigen Grundstückes, weil ich es einfach zu teuer fand.

WW: Und heute? Hältst Du die Differenz zwischen Eurer Idee und der Wirklichkeit für groß?

RB: Nein! Inzwischen bin ich ja eine Oma der neueren Frauenbewegung. Umso erfreulicher ist es, wenn die Utopie von damals sich nicht nur verwirklicht, sondern auch ganz in dem ursprünglichen Sinn Form angenommen hat. Ich freue mich darüber, dass so viele Frauen das Engagement und die Kraft hatten, diese Vision weiterzuführen und zu gestalten. Das zeigt mir auch, wie wichtig es ist auf die Solidarität und Eigeninitiative von Frauen zu vertrauen. Dabei müssen wir auch loslassen können, damit unsere Vision von den Jüngeren übernommen und weiterentwickelt werden kann.

Sabine Hübner: Selbstironisch und mit Vergnügen pragmatisch

Katja von der Bey und Claudia Neusüß treffen Sabine Hübner
am 25. August 2010 in Berlin zum gemeinsamen Erinnern

Mitte der 80er Jahre

Sabine Hübner, eine der Pionierinnen der WeiberWirtschaft, geht als empirische Sozialforscherin gemeinsam mit Claudia Gather der Frage nach, welche Barrieren es für Frauen bei der Existenzgründung gibt.[1] Sie führen Interviews mit Gründerinnen, die einen Wollladen oder ein Kosmetikstudio eröffnet haben, aber auch mit Gründerinnen aus der „Perlenkettenfraktion". Sie reisen „einmal quer durch Berlin", stellen Fragen, hören zu – Sabine Hübner ist fasziniert von den Frauen, die sie kennengelernt haben, von deren Art, die Dinge aktiv zu gestalten. „Das war so wohltuend in dieser Phase der Frauenbewegung", sagt sie, „endlich weg von der Opferrolle, das hatte was Vorbildliches für mich." Sie diskutieren intensiv die Idee, einen Business Incubator für Frauen als Maßnahme vorzuschlagen, um die (damals wie heute!) schlechteren Rahmen- und Startbedingungen von Gründerinnen zu verbessern.

Vom Business Incubator zum Frauenprojekt – neue Mitstreiterinnen kommen an Bord

Die Autorinnen „ziehen über Land" und stellen die Forschungsergebnisse vor. Sie begegnen Frauen, die sich ebenfalls mit der Verbesserung der beruflichen Situation von Frauen und speziell von Existenzgründerinnen beschäftigen – und schon tätig geworden sind. Sie treffen auf die Vertreterinnen der Frankfurter Frauenbetriebe[2] oder die Frauen von den Hamburger Frauenträumen. In Berlin kommen beim Frauenarbeitskongress im Januar 1987 viele Frauen neu dazu bzw. befruchten und bestärken den eingeschlagenen Weg: Christa Nesemann, die damals beim Frauennotruf und später in der Senatsverwaltung für Frauen arbeitet, Ute Bychowski, selber Gründerin und in einem Qualifizierungsprojekt tätig, Birgit Cramon-Daiber, mit einem Schwerpunkt auf EU-Politik. Die Projekte bieten Möglichkeiten, sich konzeptionell zu beziehen und auch sich abzugrenzen und am eigenen Profil zu arbeiten: „Was soll speziell unsere Idee ausmachen?" Sabine Hübner beschreibt die Umbruchstimmung in den späten 80er und frühen 90er Jahren: „Eine neue Stimmung begann sich unter den Frauen in der Frauen(projekte)bewegung breit zu machen, die Frauen präsentierten sich selbstbewusster, politischer und kamen raus aus den Nischen …".

Bei einem Kneipenbesuch erfindet Sabine Hübner den zündenden Namen WeiberWirtschaft. Es ist die Zeit kurz vor und während der Wende, die Zeit kurz vor der rot-grünen Regierungsübernahme in Berlin.

„Business halt"

Bald wird klar, was das neue Vorhaben nicht sein soll: „Kein Klein-Klein-Gewurschtel, kein sozialpädagogischer Touch, nichts Spiritistisches" – sondern „Business halt!" Sabine Hübner qualifiziert sich im Rahmen ihrer Forschungsprojekte im Bereich Arbeitsmarktförderung und Berufstätigkeit speziell von Frauen. Ihre Kompetenzen werden für die künftige WeiberWirtschaft eine fruchtbare Wissensressource.[3]

Auch private Kontakte sind wichtig: Z. B. der Partner, der als Turnschuhunternehmer erste Schritte macht, oder die eigene Mutter, mit der anstehende Fragen diskutiert werden.[4] Und Sabine Hübner schärft auch das Gefühl für die Möglichkeiten und Grenzen der eigenen Rolle: „Gute Ratschläge zu geben, aber nicht die Verantwortung zu übernehmen, fand ich immer zu einfach und zu schwer zugleich."

---

1 Dorothea Assig, Claudia Gather, Sabine Hübner: Voraussetzungen, Schwierigkeiten und Barrieren bei Existenzgründungen von Frauen. Studie im Auftrag des Westberliner Senators für Wirtschaft und Arbeit, Dezember 1985.

2 heute jumpp – Frauenbetriebe e. V., www.jumpp.de.

3 Etwas, wovon die WeiberWirtschaft immer wieder sehr profitiert hat – Qualifikationsarbeiten, frische Forschungsergebnisse, Promotionen und Weiterbildungen ihrer Protagonistinnen konnten oftmals unmittelbar angewandt und genutzt werden.

4 Mütter und Väter wurden zu Wissensressourcen, Mütter und weibliche Familienangehörige wurden Genossenschafterinnen. WeiberWirtschaft als Mehrgenerationenverbund!

Eine neue wichtige Mitstreiterin wird Ricarda Buch, die vom Sozialreformer Silvio Gesell und seinen Thesen beeinflusst ist und propagiert: „Das wichtigste, worüber Frauen verfügen müssen, ist Grund und Boden." So konkretisiert sich die Idee, nicht einen öffentlich finanzierten Inkubator, sondern ein Gründerinnenzentrum in Frauenhand zu schaffen.

Reaktionen der „Szene"

„Von da an waren wir auf Geldeinwerbetour!" Nicht alle Akteurinnen der Berliner Frauenszene stehen kritiklos hinter der sich entwickelnden Idee und deren Finanzbedarf. Wie viele Kompromisse werden die Frauen von der WeiberWirtschaft eingehen? Zu viele? Werden sie feministische Politik auch weiterhin stark genug vertreten, auch wenn sie mit öffentlichen Stellen verhandeln? Machen sie sich nicht die Finger schmutzig, wenn sie Verträge mit Banken eingehen? Ist Ökonomie in einem herrschenden Kapitalismus nicht an sich verdächtig? Handelt es sich womöglich um ein Heteroprojekt, zumal ständig von der notwendigen Kinderbetreuung im Gründerinnenzentrum gesprochen wird? Als Mutter zweier Kinder, für die häufig nicht genug Zeit übrig bleibt, brennt das Thema Sabine Hübner besonders auf den Nägeln. Alles in allem: Das Vorhaben polarisiert und ruft heftige Diskussionen auf den Plan.

Entwicklung nach Innen

Inzwischen haben die Frauen den Verein WeiberWirtschaft gegründet und beantragen erfolgreich Fördermittel beim Bezirk Berlin-Neukölln und später bei der Senatsverwaltung für Frauen zur Projektentwicklung für ein Gründerinnenzentrum. Denn, so erinnert sich Sabine Hübner mit viel Humor, es ist eine im Gegensatz zum großen Vorhaben unglaublich „prekäre Truppe", die sich da zusammengefunden hat, fast alle sind befristet beschäftigt, Studentinnen oder arbeitslos. Eine ständige Herausforderung wird es, die richtigen Mitstreiterinnen im Team zu finden. Welche Aufgaben stehen dringlich an? Welche Kompetenzen werden gebraucht? Wie bezahlte Arbeitsplätze schaffen? Als Erfolgsfaktor beschreibt Sabine Hübner heute, dass neue Frauen nicht nur „nach Szenekompatibilität" ausgesucht werden, sondern nach der Kommunikationsfähigkeit in alle Richtungen und der professionellen Kompetenz für die anstehenden Aufgaben. Personalpolitisches Geschick erfordert es auch, gleichzeitig auf Mitstreiterinnen zu verzichten, die an das Projekt nur „ihre eigenen Balkons anbauen wollen". Heike Skok stößt dazu und übernimmt die Funktion der Projektleiterin. Wichtig wird auch die Besetzung der Gremien, denn

die neu zu gründende Genossenschaft braucht einen Vorstand und Aufsichtsrat. Die Gremien werden „zentraler Ort", um Diversität, „neue Mischungen" von Frauen in verantwortlichen Positionen dauerhafter zu ermöglichen und zusammenzubringen. Neue Perspektiven, Wege und Erfahrungsfelder werden so für die Entwicklung der WeiberWirtschaft zugänglich. All dies bereitet „die nächste Metamorphose" vor. Geht es in einem ersten Schritt noch darum, die Idee eines öffentlich geförderten Inkubators zu einem autonomen Berliner Frauenprojekt werden zu lassen, wird nun die Standortfrage zum Treiber. Was und wo wäre ein geeigneter Standort für das Gründerinnenzentrum? Welche Kompetenzen braucht die Genossenschaft, um akzeptierte Verhandlungspartnerin für Behörden zu werden? Immer wieder sind es soziale Kapitalien, die helfen, den chronischen Finanzmangel der jungen Genossenschaft auszugleichen und benötigte Kompetenzen anzuwerben: Da ist der Vater, der ohne Honorar die ersten Standortschätzungen macht; da sind Freund oder Freundin, die jemanden kennen, der jemand kennt, der oder die bereit ist, benötigtes Know-how zu stiften.

Mit der Wende kommen neue Möglichkeiten und neue Herausforderungen. Soll sich die WeiberWirtschaft tatsächlich in die Reihe der „Goldgräber" stellen, die den „enormen Gestaltungsspielraum der Situation nutzen" und mit der Treuhand Verhandlungen um geeignete Gebäude aufnehmen? Soll man sich an „ganz normalen Unternehmen" orientieren? Der große Finanzierungsbedarf schafft erhebliche Herausforderungen angesichts des kleinen Eigenkapitals der Genossenschaft. Aber „wir haben gelernt, dass auch normale Unternehmen Zuschüsse und subventionierte Kredite für ihre Investitionen in Anspruch nehmen." Die Verhandlungen mit dem Berliner Senat beginnen intensiver zu werden, um Unterstützung bei der Gebäudesuche zu erhalten und auch um mögliche finanzielle Unterstützungen auszuloten.

Die Berliner Verwaltung und die politischen Repräsentanzen sind interessiert, aber auch überaus besorgt. Werden die Frauen es schaffen? Was, wenn es nicht klappt? Sie stellen viele Fragen und halten umsichtig Unterstützung bereit, ohne zu stark zu intervenieren und damit die Verantwortung der WirtschaftsWeiber infrage zu stellen. Die Rechtsform der Genossenschaft bewährt sich. Zusammen mit der quasi gemeinnützigen Satzung unterstützt sie die Vertrauensbildung.

Die Genossenschaft in Gründung wagt sich am Ende in dieses besondere „Berliner Biotop" der Nachwendezeit und wird zur Verhandlungspartnerin der Treuhandanstalt. In der Rückschau materialisiert sich diese Metamorphose für Sabine Hübner an drei Bewerbungen um Immobilien, von denen erst die dritte später zum Gewerbehof der WeiberWirtschaft werden soll.

Wieso sind so viele Frauen dabei geblieben, haben Zeit und Energie investiert? Die Idee habe von Beginn an magnetisch gewirkt und viel Strahlkraft entwickelt. Wieso hat das berüchtigte „Krabbenkorbsystem" nicht gewirkt?

Sabine Hübner führt es darauf zurück, dass viele der Hauptakteurinnen der Aufbaujahre auch an anderen Orten Anerkennungsfelder hatten. Die Grundhaltung sei das Lernen von anderen gewesen. Und klar sei auch gewesen: Wird das Projekt schlecht gemacht, gefährdet es möglicherweise das ganze Vorhaben. Für die, die sich beteiligt haben, habe die WeiberWirtschaft Möglichkeiten zu gestalten und zu lernen geboten. Es sei ein „Geben und Nehmen" gewesen und wie bei der erfolgreichen Frauenfußballmannschaft Turbine Potsdam seien „die, die das Tor vorbereiten, immer genauso wichtig wie die, die das Tor schießen!"

Für sich selbst resümiert Hübner, dass die nahezu zehn Jahre während ehrenamtliche Arbeit für die WeiberWirtschaft ihr auch persönlich viel gebracht habe. Selbständigkeit als eigene berufliche Option, die sie bereits im familiären Umfeld als Normalität erlebt habe („Angestelltenmentalität gab es bei uns zuhause nicht."), sei nie ganz aus dem Blick geraten, auch wenn sie sie noch nicht realisiert habe, und die Möglichkeit habe ihr viel „innere Freiheit" verschafft.

Sabine Hübner benennt die zentralen Erfolgsindikatoren wie folgt:

- Fähigkeit, das Konzept immer wieder weiterzuentwickeln,
- steigende Professionalität,
- zielgerichtete Kommunikation,
- sprudelnde Kreativität,
- enorme Netzwerke – sich ständig erweitern statt im kleinen Klüngel bleiben,
- Entscheidungsfähigkeit,
- Teamplay,
- unendlich viel Humor und Selbstironie,
- Leidenschaft für das Ziel: Frauenarbeitsplätze schaffen!,
- absolut pragmatisch: Was nützt es dem Projekt?,
- Fähigkeit zur Rollenausdifferenzierung,
- die Haltung: Spuren hinterlassen wollen – einfach was machen.

Und so ist WeiberWirtschaft heute für Sabine Hübner ein Ort, der Heimat symbolisiert.

Claudia Gather
„Es ist nicht zu schaffen, wir machen es trotzdem!"
Bemerkungen zum Kauf und zur Finanzierung der Gewerbeimmobilie

Ich blättere durch meine beiden einzigen Ordner aus der Anfangszeit der WeiberWirtschaft: Dort finden sich einige alte Flyer, Konzepte, Briefe und Protokolle der ersten Schritte, zunächst des Vereins und später der Genossenschaft WeiberWirtschaft. Ich versuche mich an damals zu erinnern. Frühe Utopien, wenige feministische wissenschaftliche Beiträge, aber auch Kurioses und Namen von Mitstreiterinnen, Unterstützern und Unterstützerinnen treten aus einer Zeit von vor 25 Jahren wieder ins Bewusstsein.

In diesem Beitrag möchte ich heute noch einmal Revue passieren lassen, wie es möglich war, dass unsere Träume damals Wirklichkeit werden konnten. So steht in einem ersten Rundbrief der Genossenschaft in Gründung von 1989 ganz realistisch, dass wir mit dem Vorhaben nach den Sternen greifen wollen.[1] Am Ende der Anfangsphase stand ein Kaufvertrag mit der Treuhandanstalt, in dem nach vielen Verhandlungen ein Kaufpreis von 12,3 Mio. DM (statt der ursprünglich geforderten 20,5 Mio. DM) festgelegt wurde. Wie konnten wir damals den Kaufpreis plus Sanierungskosten von insgesamt 36 Mio. DM aufbringen? Wie konnte es gelingen, dieses ambitionierte Projekt ohne relevantes Eigenkapital und eigentlich auch ohne einschlägige berufliche Vorerfahrungen in die Tat umzusetzen? Unter rein betriebswirtschaftlichen Gesichtspunkten war es, vorsichtig formuliert, ein eher übermütiges Projekt.

Anhand meiner Lektüre der alten Unterlagen werde ich Sie nun auf eine Reise zurück in die frühe Etappe der Entstehungsgeschichte mitnehmen. Als Soziologin interessieren mich heute weniger die exakten betriebswirtschaftlichen Kalkulationen (diese Seite war damals bestens betreut durch die Geschäftsführerin Ute Schlegelmilch), als vielmehr die Frage, wie es möglich war, als junge, beruflich noch nicht sehr erfahrene Frauen ein solch großes Projekt gegen alle Wahrscheinlichkeit und alle Widrigkeiten auf die Beine zu stellen. Damals, als Mitglied des Vorstands, war ich bei vielen Verhandlungen mit dabei.

Die Utopie

Doch bevor ich versuche, die Kaufgeschichte zu rekonstruieren und die Verhandlungen mit Banken zu erinnern, lassen Sie mich ganz kurz an die Utopien und feministischen Träume erinnern, die das Projekt beflügelt und mit angeschoben haben und die damals noch in den allerersten Papieren verschriftlicht wurden. Ganz unten im ersten Ordner lese ich darüber indirekt in dem Protokoll einer Sitzung mit der Senatsverwaltung für Frauen, Jugend und Familie vom 28. August 1989 (anwesend waren Carola von Braun, Christa Nesemann[2] und Frau Witte) Folgendes: Ausgesprochen wird die dringende Empfehlung, das Konzept inhaltlich zu überarbeiten. Die Ideen über „feministische Geldkreisläufe und Umverteilungssysteme" seien, so der gute Rat der wohlmeinenden Damen, für einen Antrag auf öffentliche Mittel nicht zielführend. Aha! Ich schaue in der Mappe nach. Den damaligen Antrag an die Senatsverwaltung, auf den sich dieser Rat bezog, finde ich nicht mehr. Tatsächlich scheinen wir dem Rat der Damen (deren großartige Unterstützung uns über viele Jahre begleitet und geholfen hat) gefolgt zu sein. Die Idee des feministischen Geldkreislaufs ist zumindest aus den Anträgen verschwunden.

Was hatten wir damals konkret unter dem feministischen Geldkreislauf verstanden? Ich suche und finde einen Hinweis im Konzeptpapier, das 1989 für ein Gründerinnenzentrum auf dem Gelände der ehemaligen Schultheiss-Brauerei in Berlin-Kreuzberg geschrieben wurde:

„Die Genossenschaft wird modellhaft vorführen, wie Renditen aus Grundbesitz sinnvollen Zwecken zugeführt werden, und damit einen eigenständigen feministischen Geldkreislauf etablieren." Ähnlich heißt es in einem der ersten Flyer, der vermutlich aus dem Jahr 1988 stammt: „Die Mieten sollen ‚ortsüblich' und angemessen sein. Langfristig wird die Genossenschaft aus den Mieteinnahmen Überschüsse erwirtschaften, die nicht-erwerbswirtschaftlichen Frauenprojekten zufließen sollen. So ent-

1 Mitte der 1990er gab es einen von der Werbetexterin Antje Welp entworfenen Werbeslogan, der lautete: „Unsere Luftschlösser haben U-Bahn-Anschluss".

2 Christa Nesemann war eine wichtige Unterstützerin der WeiberWirtschaft in der Autonomen Frauenprojektebewegung sowie im Berliner Senat. Sie verstarb 1996.

steht ein eigenständiger feministischer Geldkreislauf, der die Autonomie der Frauenprojekte stärkt."

Dieser „feministische Geldkreislauf" gehört auch in die Debatte der 1980er Jahre, in der eine starke Frauenprojektebewegung ihr Verhältnis zum Staat und ihre Abhängigkeit von „Staatsknete" sehr kritisch diskutierte. Der „feministische Geldkreislauf" sollte dazu beitragen, die Autonomie von Frauenprojekten zu stärken und die Abhängigkeit vom Staat zu reduzieren. Statt dass „Spekulanten" Gewinne aus Vermietung an Frauenbetriebe erzielen, sollte dieses Geld den Frauen zugute kommen. Soweit die schöne große Idee, deren bescheidene modellhafte Umsetzung probiert werden sollte.

Heute, gut 15 Jahre nach Aufnahme des Betriebs, können diese Visionen zumindest punktuell tatsächlich schon realisiert werden. Zwar schreibt die Genossenschaft noch lange keine Gewinne, weil sie ihre Abschreibungen nicht erwirtschaften kann. Aber aus den Überschüssen kann die Tochterorganisation Gründerinnenzentrale kofinanziert werden, Gründerinnen profitieren von Mietsubventionen in den ersten Monaten nach der Gründung und die Angestellten der Genossenschaft stecken ihr Know-how in weitere Initiativen. Die Umverteilung von Ressourcen hat also zumindest begonnen.

Schließlich ist es an der Zeit, angesichts einer Finanzwirtschaft, die von Männern dominiert undurchsichtige Produkte und Spekulationsblasen produziert, über Geldkreisläufe auch aus feministischer Perspektive nachzudenken.

Die Suche nach einer Immobilie

Die Ideen sollten aber nicht nur auf Papieren ausgebreitet, sondern in der Genossenschaft WeiberWirtschaft in die Tat umgesetzt werden. Seit es ab der Gründung der Genossenschaft 1989 ein Büro und Mitarbeiterinnen gab (die über Anschubfinanzierungsprogramme unterstützt durch die Senatsverwaltung für Frauen finanziert wurden), stand die intensive Suche nach einer geeigneten Immobilie im Vordergrund der Aktivitäten.

Die WeiberWirtschaft wäre nicht möglich gewesen ohne zahlreiche Unterstützung und Förderung durch einzelne Politikerinnen und Politiker sowie durch Mitarbeiter und Mitarbeiterinnen in den Berliner Senatsverwaltungen. Eine der ersten tatkräftigen Förderinnen, die auch tatsächlich etwas in Bewegung gesetzt hat, war Carola von Braun, damals bei der Senatsverwaltung für Frauen, Jugend und Familie in Berlin. Sie hatte bereits 1990 großes Vertrauen in die Machbarkeit des Projekts und rief eine Gesprächsrunde ein, zu der sie Kollegen und Kolleginnen aus den Senatsverwaltungen für Wirtschaft sowie Bau-

und Wohnungswesen sowie die Wirtschaftsförderung und weitere Institutionen einlud, um eine koordinierte Unterstützung bei der Gebäudesuche wie auch für Anträge auf mögliche öffentliche Förderprogramme für die WeiberWirtschaft in Gang zu bringen. Das war nachhaltig hilfreich. Einerseits hat es die anderen Verwaltungen ermutigt, tätig zu werden. Andererseits hat es auch später die Kooperation und Koordination der Fördermittel der beteiligten Verwaltungen erleichtert.

Den Protokollen der Anfangszeit entnehme ich vielfältigste Anstrengungen quer durch die Stadt. Gespräche wurden geführt mit den Senatsverwaltungen, der Wirtschaftsförderung, den Bezirken, der Bundesvermögensverwaltung, Wohnungsbaugesellschaften, der Oberfinanzdirektion, aber auch mit der BEWAG und allen Institutionen, die potenziell über Gewerbeimmobilien verfügten. Eines der Gebäude, das 1989 leer stand und sehr geeignet schien von der Lage wie von der Größe (ca. 6.000 qm), war die ehemalige Schultheiss-Brauerei am Tempelhofer Berg in Kreuzberg. Der Bezirk war auf der Suche nach einer neuen Nutzung für das Gebäude und stand den Ideen der WeiberWirtschaft mit zurückhaltendem Wohlwollen gegenüber. Der Wert der Immobilie wurde damals von Experten auf ein bis zwei Millionen DM geschätzt. Für dieses Gebäude haben wir zügig und mit viel Fleiß und Energie unser erstes Sanierungs-, Umbau- und Nutzungskonzept entwickelt. Bei dieser ersten Immobilie wurde das Prinzip des Know-how-Sponsorings[3] angewandt, das der WeiberWirtschaft auch später vielfach geholfen hat, fachliche Expertise einzubinden. Es entstand eine Diplomarbeit von Sabine Joswig, damals Studentin der Architektur, mit den entsprechenden Umbau- und Sanierungsplänen für dieses Gebäude, die unmittelbar Eingang in das Konzept fand.

Die Bewerbung um dieses Gebäude scheiterte trotz der Unterstützung des Bezirkes letztendlich daran, dass sich nach dem Mauerfall die Gewerbeimmobiliensituation in Berlin grundlegend änderte, die Preise in die Höhe stiegen und der Eigentümer der Immobilie diese nun selbst vermarkten wollte. Wir haben dennoch an diesem ersten Objekt viel gelernt, z. B. wie man ein professionelles Konzept erstellt, und setzten unsere Suche unverdrossen fort. Erschwerend kam jetzt jedoch hinzu, dass nach der Öffnung der Mauer auch in Westberlin die Immobilienprei-

---

3 Know-how-Sponsoring meint, dass Expert_innen ihr Wissen kostenfrei zur Verfügung stellten und der WeiberWirtschaft beratend zur Seite standen. Know-how-Sponsoring war in den Anfangsjahren ein wichtiger Pfeiler der Professionalität des Projekts. Es betraf die Finanzierungsfragen (Claus Schikora), Umwelt- und Altlastenfragen (Büro ALAB), rechtliche Fragen (Notar Jürgen Fluck), Werbung (Antje Welp und viele andere), Architektur (Inken Baller, Lena Muda) und viele mehr.

se in schwindelerregende Höhen stiegen. Auch die Entscheidung, Berlin zur Hauptstadt zu machen, trug dazu bei, dass ein „run" auf Berliner Immobilien einsetzte. Wir konkurrierten mit Spekulanten, so sahen wir es damals. Es wurde nun auch mit vorher in Berlin nicht gekannten Miethöhen von 50 bis zu über 80 DM pro qm netto kalt kalkuliert.

Dennoch, die WeiberWirtschaft sondierte weiter und bewarb sich um die verschiedensten Gewerbehöfe. Im Jahr 1990 wurde die Treuhandanstalt gegründet, die ehemalige DDR-Unternehmen privatisieren sollte und DDR-Liegenschaften verwertete. Die TLG (Liegenschaftsabteilung der Treuhand) schrieb ab 1990 Immobilien zum Kauf aus und war damit der wichtigste Anbieter von größeren Gewerbeimmobilien in Berlin. Die Treuhandanstalt war damals nicht unumstritten und stand vielfach in der Kritik, z. B. einen Ausverkauf von DDR-Betrieben und Immobilien an Investoren bzw. Spekulanten zu betreiben. Da wir nichts unversucht ließen, lag es also nahe, unser Glück auch bei der Treuhandanstalt zu versuchen.

Im Jahr 1990 gab es eine Ausschreibung der TLG für einen Gewerbehof in der Pappelallee im Prenzlauer Berg für ein Mindestgebot von 8 Mio. DM. Für diese Ausschreibung gaben wir eine Bewerbung mit einem Konzept ab. Unser Mut reichte immer nur bis zum Mindestgebot; wir boten also die geforderten 8 Mio. DM. Begleitet wurde diese Bewerbung von einer Menge Pressearbeit. In der Mappe finde ich noch eine Presseerklärung aus der damaligen Zeit, die die Überschrift trägt: „Gründerinnenzentrum Weiber-Wirtschaft – die Alternative zu Daimler Benz".

Wir merkten schnell, dass die Treuhandanstalt unser Angebot offensichtlich nicht sonderlich ernst nahm. Aus betriebswirtschaftlicher Sicht, so würde ich heute sagen, war das Konzept zwar sehr innovativ, die Finanzierungsseite jedoch eher vage und mit extrem wenig Eigenkapital unterlegt. Dass das Finanzierungskonzept nicht wahnsinnig überzeugend war, war auch uns damals wohl bewusst, entmutigte uns aber nicht. Es bedurfte anderer Maßnahmen, um unserer Bewerbung den nötigen Nachdruck zu verleihen. So wie später auch, sind wir hier einem potenziellen Scheitern mit aller Kraft und innovativen Ideen entgegengetreten.

Im Rundbrief vom Sommer 1991 an die Genossenschafterinnen und Freundinnen lese ich, dass ein Aufruf zu einer Briefaktion an die damalige Präsidentin der Treuhandanstalt, Birgit Breuel, gestartet wurde. In diesem vorformulierten Brief, den die Unterstützer_innen nur noch unterzeichnen mussten, wird daran appelliert, auch Frauen an der Entwicklung des Wirtschaftsstandortes Berlin zu beteiligen, da Frauen von den wirtschaftlichen Umstrukturierungen (Fall der Mauer) ungleich stärker betroffen sind. Im Brief wird dazu aufgerufen, neue Krite-

rien, nämlich politische statt nur wirtschaftliche, für die Vergabe von Gewerbeimmobilien zu entwickeln. In einem zweiten Schreiben wird die Bewerbung der WeiberWirtschaft für das Gebäude in der Pappelallee ausdrücklich unterstützt. Viele Menschen haben diese Briefe an die Treuhandanstalt geschickt. Es gab zu dieser Aktion breite Resonanz in der Presse und auch bei der Treuhandanstalt.

Ich zitiere aus dem nächsten Rundbrief: Treuhandanstalt und Makler waren „merklich überwältig, als eine SFB-Journalistin im Maklerbüro der Treuhandanstalt auf die Gelegenheit für ein Interview wartete, waren die Bürodamen dort gerade beim Eingangsstempel 500 angelangt. Sehr schnell kristallisierte sich heraus, dass wir dabei waren, das parlamentarische Sommerloch, nicht nur in Berlin, zu füllen. Zustimmung für unser Konzept kam vom betroffenen Stadtbezirk sowie allen politischen Parteien. Und auch Bundesbauministerin Adam-Schwätzer beantwortete unsere Bitte um Unterstützung sehr positiv." Weiter heißt es in dem Rundbrief dann fett gedruckt: „Trotz all dieses Engagements sind wir nicht ans Ziel unserer Träume gelangt." Die Treuhand, so unter politischen Druck geraten, verfolgte damals folgende Kompromisslösung: Der Zuschlag für das Gebäude ging an eine große Immobilienfirma mit der Auflage, der WeiberWirtschaft das Gebäude für zehn Jahre zur Miete anzubieten zu einem Preis von 25 DM kalt pro qm. Dieses Angebot lehnten wir freundlich ab. Es kam schon aus wirtschaftlichen Erwägungen nicht in Frage. Die Mieten wären insgesamt deutlich zu hoch geworden, da über die Mieten unter anderem auch unsere Kredite hätten finanziert werden müssen.

So ging die Suche nach einem Gebäude mit Hochdruck weiter. In einem Sitzungsprotokoll vom Januar 1992 werden lange Diskussionen beschrieben, die ich kurz zusammenfasse: Bislang war es trotz erheblicher Anstrengungen nicht gelungen, in ernsthafte Kaufverhandlungen um einen Gewerbehof einzutreten. Die Entwicklung des Eigenkapitals verlief angesichts des hoch gesteckten Ziels (1 Mio. DM in zwei Jahren) und erheblicher Werbeanstrengungen positiv, dennoch zu langsam. Die vielen Artikel in der Presse über die Suche nach geeigneten Gebäuden dienten zugleich der Werbung um Genossenschaftsmitglieder. Im Jahr 1990 gab es 30 Mitglieder der Genossenschaft (ein Anteil kostete 200 DM), Anfang 1992 waren es bereits 188, Ende 1994 dann 820. Das Eigenkapital lag Anfang 1992 nur bei 130.000 DM. Mit diesen „geringen" Eigenmittel, so die realistische Einschätzung, würde es kaum gelingen, die 8 Mio. DM Kaufpreis für den Erwerb des Gewerbehofes in der Pappelallee zu erlangen. Nach dieser Einschätzung stolpere ich im Protokoll dann über folgende denkwürdige Stelle. Da steht doch tatsächlich, dass wir die grundsätzliche Entscheidung treffen: *Unser Vorhaben ist nicht zu schaffen, wir machen es trotzdem!"* Diese kleine Stelle zeigt und erklärt meiner heutigen Ansicht nach vieles. Sie zeigt eine durchaus realistische Einschätzung der Situation, gepaart mit einem unbeugsamen Willen und großer Zuversicht. Sie zeigt auch, dass Rückschläge oder Hindernisse nicht zum Anlass genommen wurden, vom Projekt zu lassen, sondern dass diese in Angriff genommen wurden und versucht wurde, sie mit innovativen Ideen zu überwinden oder zu umgehen. Erfolgreichstes Aktionsfeld, um die finanziellen Hürden zu meistern, so wird weiter realistisch eingeschätzt, bleibt die politische Ebene, begleitet von guten Presseaktionen. In diesem Protokoll wird aber auch eine Deadline gesetzt: Die Anteile wurden zunächst auf ein Treuhandkonto eingezahlt, es gab die Zusicherung an die Anteilszeichnerinnen, dass das eingegangene Geld zurückgezahlt wird, falls es bis Ende 1993 nicht zum Kauf einer Immobilie käme.

Das Gebäude in der Pappelallee hatten wir nicht bekommen, dennoch insgesamt viel Staub aufgewirbelt. Auch in der Politik war unser Vorhaben sehr präsent. Die Suche nach einem Gebäude wurde begleitet durch viele Presseartikel und Lobbyarbeit. Im Rundbrief aus dem Jahr 1992 lese ich, dass auch im Hauptausschuss des Berliner Senats über die WeiberWirtschaft gesprochen wurde und es dort bekannt war, dass die Bewerbung um die Pappelallee nicht erfolgreich war. Es heißt dort: Es bestehe „aber weiterhin die Zusage der Treuhandanstalt, die WeiberWirtschaft bei der Suche nach einem besser geeigneten Gebäude zu unterstützen". Es wird auch berichtet, dass der damalige Berliner Finanzsenator Pieroth sich auf dieser Hauptausschusssitzung mit der Äußerung aus dem Fenster gelehnt habe, er müsse wohl der WeiberWirtschaft mal bei der Gebäudesuche unter die Arme greifen. Natürlich haben wir dort sofort nachgehakt, so steht es im Rundbrief. Das habe zur Folge gehabt, dass sich ein Mitarbeiter der Senatsverwaltung mit dem Projekt und der Gebäudesuche befassen musste.

Im März 1992 hatten wir unsere dritte Bewerbung bei der Treuhandanstalt abgegeben, davor gab es noch eine Bewerbung um eine Immobilie in der Münzstrasse in Mitte. Bei der dritten Bewerbung handelte es sich um einen Gewerbehof mit – laut Ausschreibung – ca. 7.500 qm Nutzfläche in Mitte in der Anklamer Straße 38/40. Es war eine ehemalige Produktionsstätte des DDR Kombinats Berlin Kosmetik. Das Mindestgebot für diese Immobilie lag bei 20,5 Mio. DM. Wir boten wieder das Mindestgebot von 20,5 Mio. DM. Die Liegenschaftsgesellschaft der Treuhandanstalt, durch unsere Pressearbeit und auch durch Interventionen von Politikern mürbe geworden, setzte uns diesmal auf Platz 1 der Investorenliste und begann im Frühjahr 1992 in Verhandlungen mit uns einzutreten. Wir trauten dem Frieden anfangs nicht und glaubten,

dass man nur zum Schein mit uns verhandelte und nicht ernsthaft an uns verkaufen wollte. Lange wurden Verhandlungsstrategien im Vorstandsteam gemeinsam mit Ute Schlegelmilch und Claudia Neusüß und mit dem Aufsichtsrat beraten. Wie können wir professionell auftreten, war eine Frage? Und vor allem: wie den Kaufpreis nach unten verhandeln? Wie können wir absichern, dass das Gebäude nicht durch Altlasten kontaminiert ist bzw. im Kontaminierungsfall wir die Sanierung nicht selbst tragen müssen? In welchem Zustand ist das Gebäude, ist es für uns optimal nutzbar, und was wird die Sanierung kosten?

Auch hier war wieder die Strategie, uns Expert_innenwissen über Know-how-Sponsoring einzuholen. Wir hatten im Vorfeld bereits Kontakt zu Architektinnen aufgenommen und mit Prof. Inken Baller eine Fachfrau gefunden, die bereits mit Bauten und Sanierungen in dieser Größenordnung Erfahrung hatte. Ihr Büro machte Pläne für die Sanierung und kalkulierte die Kosten. Ein Finanzberater, Claus Schikora, ging mit uns immer wieder neue Kalkulationen und Finanzierungspläne durch. In kritischen Situationen (auch bei den späteren Bankverhandlungen) war er einer derjenigen, der uns immer wieder bestärkt hat und mit uns errechnet hat, was noch machbar ist. Wir ließen ein Verkehrswertgutachten erstellen und die von der Treuhandanstalt angegebene Nutzfläche nachmessen. ALAB, das Analyselabor für Altlasten, beriet uns in der Frage potenzieller Altlasten und führte erste Messungen durch. Ein Rechtsanwalt und Notar, Jürgen Fluck, beriet uns in Rechtsfragen rund um den Kauf.

So gerüstet gingen wir in die Verhandlungen zur Liegenschaftsabteilung der Treuhandanstalt. Wir waren zu dritt oder zu viert und hatten immer die jeweils relevanten Expert_innen an unserer Seite. Auch die Verhandler der Treuhandanstalt waren zu mehreren, meist waren es vier bis sechs Personen, immer Männer. Leider gibt es keine Protokolle über diese Verhandlungen. Ich erinnere, dass es nicht leicht war, von den Herren ernst genommen zu werden. Sehr geholfen in den Verhandlungen haben die Experten und Expertinnen an unserer Seite, die unsere Argumente immer sachlich unterfüttern konnten. Sicherlich waren wir jungen Feministinnen auch eine exotische Erscheinung in dieser Welt der großen Immobilien und der Herren in den dunklen Business-Anzügen.

Ich erinnere mich auch an einen teilweise sehr harschen Verhandlungsstil mit manchen unfreundlichen, fast aggressiven Attacken. Wir müssen ziemlich stur gewesen sein und ließen unter anderem auch mal durchblicken, dass wir gute Kontakte zur Presse haben (was der Treuhand sehr wohl bekannt war), die wir im Zweifelsfall (z. B. bei drohendem Scheitern der Verhandlungen) auch nutzen würden.

Unser Ziel war, den Kaufpreis herunterzuhandeln. In langen, zähen Verhandlungen ging es zunächst um viele Einzelheiten: die Grundstücksgrenzen, die Größe der Nutzfläche, mögliche Altlasten, unser Nutzungskonzept, ob unser Eigenkapital ausreichen würde, es genug Mieter geben würde, um die Frage, wie viele Arbeitsplätze geschaffen werden sollen, und einiges mehr. Wir trauten uns, mitten in den laufenden Verhandlungen ein neues, um 8 Mio. DM reduziertes Kaufangebot für die Immobilie zu verfassen und abzugeben. Wir boten nun 12,3 Mio. DM. Begründet haben wir dieses neue Angebot mit falschen Angaben bei der Ausschreibung über die Nutzflächengröße (angegeben waren 7.500 qm, tatsächlich waren es 5.078,90 qm) und den Zustand der Gebäude. Untermauert wurde dieses neue Angebot durch das Verkehrswertgutachten, das wir hatten erstellen lassen. Nach einigen weiteren Verhandlungsrunden bekamen wir den Zuschlag tatsächlich zu diesem neuen Angebot.

Ich wundere mich noch heute, wie es gelingen konnte, auch zu diesem unserem Angebot die Verhandlungen abzuschließen. Im Oktober 1992 unterzeichneten wir dann den Kaufvertrag in Höhe von 12,3 Mio. DM. Zur Unterschrift bei der Treuhand brachten wir für alle Verhandler rote Rosen als Dankeschön mit. Auch dies hat die Herren bei der Treuhandanstalt befremdet, wohl aber auch gefreut. Herr Ernst, der Verhandlungsführer der Treuhand, kam zu unserem anschließenden im Gebäude improvisierten rauschenden Fest. Noch am selben Tag gaben wir eine entsprechende Presseerklärung und die Berliner Abendschau berichtete kurz darüber, wenig später das Wall Street Journal.

In der Festrede nach Unterzeichnung des Kaufvertrages habe ich die Verhandlungsphase sehr freundlich folgendermaßen resümiert: „In den Sitzungen wurde manches deutliche Wort gesprochen. Dennoch, so kann ich im Nachhinein sagen, die Verhandlungen waren hart, aber in vielen Teilen auch kooperativ und konstruktiv."

Der Kaufvertrag würde allerdings erst wirksam werden, wenn eine Bankbürgschaft über den Kaufpreis bis zum 16. November 1992 sowie die Förderverträge über die Zusage der öffentlichen Fördermittel vorlagen. Zunächst hatte die Deutsche Bank diese Bürgschaft zugesagt, ließ diese Zusage jedoch einen Tag vor Ablauf der Frist bei der Treuhandanstalt platzen. Damit drohte der mühsam verhandelte Kaufvertrag nichtig zu werden. Über Nacht konnten wir keine neue Bank finden, die eine Bürgschaft in der Höhe des Kaufpreises geben würde. Die einzige Chance war, die Treuhandanstalt dazu zu bewegen, die Frist zu verlängern. Dazu war auch noch eine Nachbeurkundung des Kaufvertrags notwendig, was nach einigen

Interventionen auch gelang. Es gab eine Fristverlängerung bis zum 15. Dezember 1992, die dann nochmals verlängert wurde.

Die Finanzierung

Mit Beginn der Verhandlungen um den Gebäudekomplex in der Anklamer Straße haben wir gleichzeitig intensiv nach Möglichkeiten gesucht, dieses Projekt zu finanzieren. Zusätzlich zum Kaufpreis mussten auch die Mittel für eine Sanierung der Gebäude aufgebracht werden. Die Baulücke an der Straßenseite sollte, so der Bebauungsplan und die Auflage der Treuhandanstalt, durch einen Wohnungsneubau geschlossen werden. Insgesamt betrug die Investitionssumme 36 Mio. DM – angesichts unseres geringen Eigenkapitals ein erheblicher Betrag.

Um die Finanzierbarkeit zu sichern, waren drei Säulen notwendig: das (fehlende) Eigenkapital, öffentliche Förderung und für den größeren Teil Bankkredite. Das Eigenkapital entwickelte sich im Jahr 1992 weiter positiv, erreichte jedoch die angestrebte Million noch lange nicht. Es lag bei Abschluss des Kaufvertrages bei ca. 350.000 DM (dieses Vermögen erhöhte sich laufend, im März 1993 waren es 500.000 DM). Wir hatten, um das Eigenkapital schneller zu erhöhen, zusätzlich zu den Genossenschaftsanteilen auch private Darlehen, auch von Männern, ab 5.000 DM eingeworben. Einer der damaligen Slogans, mit dem dafür geworben wurde, lautete: „Es soll immer noch Männer geben, die bei einer guten Anlage nur an Hifi denken – WeiberWirtschaft ändert das!", ein anderer: „Es soll immer noch Frauen geben, die viel auf dem Kasten, aber nichts auf dem Konto haben – WeiberWirtschaft ändert das!".

Erhebliche öffentliche Mittel flossen Anfang der 1990er Jahre in die Wirtschaftsförderung Ostdeutschlands. Diese kamen, so unsere Vermutung, überwiegend Männern zugute. Wir reklamierten deshalb, die Förderprogramme auch für die Wirtschaftsförderung von Frauen einzusetzen. Als ersten Schritt haben wir alle öffentlichen Förderprogramme, die irgendwie infrage kommen könnten, gesichtet und in Gesprächen mit der Senatsverwaltung für Wirtschaft und Technologie und der Senatsverwaltung für Bau- und Wohnungswesen eruiert, welche Fördertöpfe in welcher Höhe auf unser Projekt passen könnten. Wir haben uns für alle Programme beworben, die irgendwie geeignet erschienen. Nachdem die generelle politische Bereitschaft da war, die WeiberWirtschaft zu fördern, war das Ergebnis nach langen Verhandlungen, dass 4,2 Mio. DM von der Senatsverwaltung für Wirtschaft aus dem Fördertopf „Gemeinschaftsaufgabe Aufschwung Ost" kommen sollen, ca. 7 Mio. DM von der Senatsverwaltung für

Bau- und Wohnungswesen aus dem Programm zur Stadterneuerung. Für den Neubau wurden ca. 7 Mio. DM benötigt, wofür bei der Investitionsbank Berlin Zuschüsse für den sozialen Wohnungsbau beantragt wurden. Richtig kompliziert wurde es im Detail: Vieles war aufeinander abzustimmen. Die vielen Förderverträge (diese umfassten schließlich mehr als 100 Seiten) mussten kompatibel werden. Manches schien unmöglich: Die Förderzusagen der öffentlichen Hand konnten erst gegeben werden, wenn die Gesamtwirtschaftlichkeit und -finanzierung gesichert waren, aber die Banken wollten ihre Bürgschaften und Kredite nur geben, wenn die Förderung der öffentlichen Hand definitiv geklärt war.

Dass alle diese komplexen Fragen und Komplikationen letztendlich konstruktiv geklärt werden konnten, ist hauptsächlich auf das große Engagement, die Findigkeit und Sachkompetenz eines Mitarbeiters bei der Senatsverwaltung für Bau- und Wohnungswesen, Adalbert Fink, zurückzuführen. Er hat im Zusammenhang mit der öffentlichen Förderung für viele Probleme passende Lösungen entwickelt und umgesetzt. Stellvertretend für die vielen Unterstützer und Unterstützerinnen der WeiberWirtschaft hätten wir ihm damals gern im Hof ein Denkmal gesetzt.

Die Banken

Der größte Teil der Finanzmittel sowie die Bürgschaft mussten über eine Bank besorgt werden. Ideologisch näher als andere Banken standen uns die Ökobank und auch die Bank für Sozialwirtschaft, bei der wir ein Konto hatten. Bei einem Kreditvolumen von 15 Mio. DM winkte die Ökobank jedoch sofort ab. Sie gewährte damals maximal Kredite in Höhe von 1 Mio. DM, ähnlich hat es sich wohl auch mit der Bank für Sozialwirtschaft verhalten. Wir suchten zunächst nach Banken, in denen auch Frauen über eine Kreditvergabe entscheiden konnten, und stellten für Berlin fest, dass damals nur in einer einzigen Bank, der Citibank, eine Frau eine Filiale leitete, doch auch sie durfte über maximal 1 Mio. DM entscheiden. In zwei weiteren Banken gab es durch einige Podiumsdiskussionen bekanntere Frauen im mittleren Management, so z. B. Frau Körner bei der Deutschen Bank.

In Zusammenarbeit mit unserem Finanzberater, Claus Schikora, erstellten wir für die Verhandlungen mit den Banken eine Mappe mit unseren Wirtschaftlichkeitsberechnungen, dem Gesamtfinanzierungsplan sowie dem Nutzungs- und Sanierungskonzept und schickten diese an ca. 20 Banken mit der Bitte um einen Gesprächstermin. Die meisten waren noch nicht einmal zu einem Gespräch bereit. Ich erinnere einige wenig erfreuliche Gespräche, in denen die Banker sich, an uns vorbeiblickend, im Wesentlichen an unseren Finanzberater wandten. Das geringe Eigenkapital gepaart mit feministischer Power schien den Herren zu unsicher und wenig kalkulierbar. Allein die Schiene über Frau Körner in der Deutschen Bank schien halbwegs aussichtsreich zu sein.

Ich lese darüber in der Festansprache zum Fest nach der Kaufvertragsunterzeichnung: „Frau Körner und Frau Degeler von der Deutschen Bank gilt unser Dank. Durch ihre Hilfe und Intervention ist der Termin der Kaufvertragsunterzeichnung bei der Treuhand in letzter Minute zustande gekommen. Wir setzen jetzt unsere ganze Hoffnung in Frau Degeler und Frau Körner im Vertrauen darauf, dass es ihnen möglich sein wird, die noch ausstehende Bankbürgschaft bis zum vereinbarten Zeitpunkt unter Dach und Fach zu bringen."

Schon die Absichtserklärung der Deutschen Bank, die für die Unterzeichnung des Kaufvertrages Voraussetzung war, war offensichtlich schwierig zu erlangen gewesen. Man hört hier aus meinen fast flehentlichen Worten auch, dass zu diesem Zeitpunkt die Vergabe der Bankbürgschaft noch lange nicht gesichert schien. Ich erinnere mich an einige Sitzungen im Anschluss, auch zusammen mit Herrn Fink (wegen der öffentlichen Förderung) bei der Deutschen Bank, um offene Fragen zu klären. In Berlin konnte damals niemand über die Summen, die wir beantragten, entscheiden, sodass das Ganze in Frankfurt am Main dem Vorstand vorgetragen werden musste. Gegen Anfang November 1992 schien jedoch alles geklärt zu sein und es gab grünes Licht vom Vorstand. Die Zuversicht hielt bis einen Tag vor der Abgabe der Bürgschaft bei der Treuhandanstalt. Da erfuhren wir, ich weiß nicht mehr über wen, dass nun doch ein Umdenken stattgefunden habe und man die zugesagte Bürgschaft platzen lassen wollte. Wir waren sprachlos, das war Worst Case. Wir versammelten uns im Büro und versuchten abends und bis in die Nacht den Vorstand in Frankfurt ans Telefon zu bekommen. Ich erinnere sogar, dass ich in einer Sauna angerufen habe, in der sich ein Vorstandsmitglied befunden haben soll. Gerüchteweise hieß es, die Deutsche Bank befürchte einen Imageschaden bei privaten Großkunden, die es nicht begrüßen würden, wenn ihre konservative Bank mit Feministinnen aus der Frauenprojekteszene in Geschäftsverbindung trete. Andere Gerüchte besagten, Großkunden hätten sich konkret darüber beschwert, dass in der Presse die Deutsche Bank zusammen mit der WeiberWirtschaft genannt worden sei. Wie dem auch war, der Vorstand blieb hart und war nicht dazu zu bewegen, die Bürgschaft doch noch zu erteilen. Es blieb nichts, als bei der Treuhand für die Bürgschaft um Aufschub zu bitten. Er wurde gewährt.

Nun ging die Suche nach einer neuen Bank wieder von vorne los, davon hing nun alles ab. Es wurden die Banken kontaktiert, die noch nicht abgewunken hatten. Ich weiß heute nicht mehr, wie wir auf die DSL Bank (Deutsche Siedlungs- und Landesrentenbank), die damals bei Privatkunden nicht bekannt war, gekommen sind. Ich erinnere mich nur an Gespräche mit dem Berliner Leiter, Herrn Handke, in wohlwollender Atmosphäre. Er war einer der ganz wenigen Banker damals, die wir auf unserer Reise durch die Bankenlandschaft getroffen haben, der Frauen ein Vorhaben in dieser Größenordnung zutraute. Vielleicht lag es daran, dass er selbst Töchter hatte, sicher spielte es eine Rolle, dass er kurz vor seiner Verrentung stand, vielleicht auch, dass diese Bank mehrheitlich der öffentlichen Hand gehörte. Er setzte bei seinem Vorstand in Bonn die Bürgschaft sowie den Kredit durch. Zum 24. Februar 1993, rechtzeitig für die Bürgschaft an die Treuhandanstalt, unterzeichneten wir einen Avalkreditvertrag in Höhe von 12,3 Mio. DM sowie einen Darlehensvertrag über 15.556.000 DM. Übrigens, wir haben das in uns gesetzte Vertrauen niemals enttäuscht. Hier die Erfolgsmeldung: Die WeiberWirtschaft hat Zins und Tilgung bis heute immer pünktlich bedient.

Resümee

Was war das Erfolgsgeheimnis dieses Projekts? Die Erfolgsgeschichte ist eigentlich eine Geschichte der Unmöglichkeiten, der Hindernisse und Hürden. Es gab etliche Gelegenheiten, nicht nur bei der Finanzierung, wo das Projekt kurz vor dem Scheitern stand. Andererseits gab es unerschütterlichen Glauben, Zuversicht und ansteckende Überzeugungskraft, dass das Unmögliche machbar ist, wenn nicht auf dem direkten, dann eben auf einem anderen Weg. Hinzu kamen ungezählte Förderer, Unterstützer_innen und Know-how-Sponsoren, die an das Projekt geglaubt haben.

Ich schaue dazu in zwei erfreulicherweise erhalten gebliebene Festreden, einmal nach dem Kauf am 31. Oktober 1992 und einmal zur Gesamteröffnung nach Fertigstellung des 1. Bauabschnitts im September 1994. 1992 heißt es: „Dass wir heute hier feiern können, ist der Erfolg eines harten und intensiven Arbeitsprozesses in einem – und da übertreibe ich nicht – großartigen Arbeitsteam." Hinzusetzen müsste man: mit überwiegend ehrenamtlicher Arbeit und, wenn es sein musste, Tag- und Nachtarbeit.

Auch hinzufügen müsste man, dass dieses Team dadurch gekennzeichnet war, dass die verschiedensten Fähigkeiten und Qualifikationen sich aufs schönste ergänzt haben. Im Vordergrund, so erinnere ich mich, standen immer die gemeinsame Sache und die Frage, wie wir diese am besten unter Einsatz aller und noch mehr Qualifikationen voranbringen können. Nie ging es darum, dass jemand seine Eitelkeiten bedient.

Nach dem Kauf und der Sanierung, so habe ich in der Festansprache zur Gesamteröffnung 1996 gesagt, „gilt es zu zeigen, dass es auch gelingen kann, das Erreichte zu konsolidieren, dass Frauen auch in wirtschaftlicher Hinsicht einlösen können, was sie versprechen."

1993

Abbruch des Heizhauses im 1. Hof

Der amtierende Vorstand Ute Schlegelmilch, Claudia Neusüß und Claudia Gather

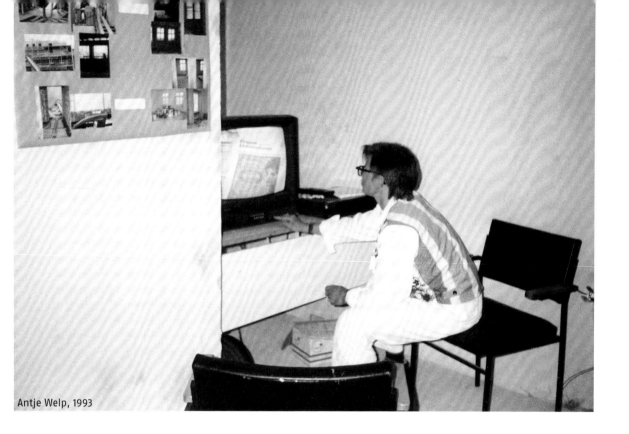

Antje Welp, 1993

Kampagnenpostkarten
und -poster, 1993,
Text: Antje Welp,
Gestaltung: Elo Hüskes
und Friederike Tebbe

49

Claudia von Braunmühl und Ute Byschowski, 1993

1993 Dritte Generalversammlung

Sabine Nehls und Gabriele Post

Dorothea Gerke (heute: Dorothea Angel)

Antje Ripking (links)
und Monika Damm

Sabine Hübner und Katja von der Bey

1994

Besuch von Finanzsenator Elmar Pieroth, Januar 1994

Foto: Sabine Lubenow

Ute Schlegelmilch, Claudia Gather, Claudia Neusüß und der Direktor der Deutschen Siedlungs- und Landesrentenbank (DSL Bank), Herr Handke, 1993

März 1994: Internationaler Frauentag; Katja von der Bey (links), Monika Wienbeck (Mitte) und Sieglinde Klöpfer (ganz rechts)

Audio Ballerinas: Auskehren der Hofgebäude zum Start von Bauphase 2, September 1994

Foto: Götz Schlötke

1995 Bauphase 2 und Neubau

Foto: Birgit Kleber

Claudia Neusüß, Ute Schlegelmilch und Claudia Gather
... mit Perlenkette für die Presse

Claudia Neusüß auf der Baustelle

Sommer 1995: Neubaustelle

1995

Im Bild rechts Adalbert Fink von der Senatsverwaltung für Bau- und Wohnungswesen

Brigitte Reichmann (Senatsverwaltung für Bau- und Wohnungswesen), Inken Baller, Isabel Rothe (verdeckt), NN, Sabine Bangert

Das Bauleitungsteam aus dem Büro Baller, links Lena Muda

Sommer 1995

Foto: Ursula Markus

Im Bild rechts: Wirtschaftssenator Norbert Meisner

Juni 1995 Dachfest Altbau

Isabel Rothe, rechts

In der Mitte Architektin Inken Baller

Oktober 1995 Richtfest Neubau

Eine Mieterin der ersten Stunde: die Druckerei Sieglinde Klöpfer

Renate Herter, „Angehaltene Zeit", Installation im Milchhof, 1993
105 Fundstücke aus den ehemaligen Produktionsräumen des VEB Berlin Kosmetik, in Leinen vernäht und im Lagerkeller der Firma im Rahmen der Ausstellung „Berlin Kosmetik. Bühne wechselnder Geschichte(n)" installiert.

Foto: Bernd Kuhnert

Ute Rostock (geb. Schlegelmilch) erinnert sich
„Das wäre sonst nirgendwo gegangen"

Ich habe BWL studiert und es war purer Zufall, dass ich zur WeiberWirtschaft kam. Ich habe mit Ricarda Buch telefoniert und sie sagte, ich solle mal vorbeikommen, für Finanzen würde noch jemand fehlen. Erst war ich 1990 ehrenamtlich im Büro. Als Einstieg habe ich dann zuerst als Arbeitslose eine BSHG § 19-Stelle bekommen, später hat der Bezirk Neukölln ein Jahr lang meine Stelle finanziert, bevor dann die Senatsverwaltung für Frauen zur Anschubfinanzierung für das Gründerinnenzentrum zwei Infrastrukturstellen bezahlt hat.

So bin ich quasi direkt nach dem Studium Geschäftsführerin der WeiberWirtschaft eG in Gründung geworden. Es war eine große Herausforderung, weil ich plötzlich mit Finanzierung und Bau zu tun hatte, ohne je zuvor – auch nicht im Studium – damit zu tun gehabt zu haben. Rückblickend würde ich sagen, dass sich viele Sachen bewerkstelligen lassen, ohne sie im Studium oder sonst wie jemals gemacht zu haben. Ich steckte dann bald in Verhandlungen mit Institutionen, von denen ich mir vorher nie hätte träumen lassen, dass ich jemals mit ihnen zu tun haben würde: Banken, Treuhandanstalt, Senatsverwaltungen.

Ich fand an der WeiberWirtschaft von Anfang an faszinierend, dass es ein Wirtschaftsunternehmen werden und nicht ein kleines Frauenprojekt im Hinterhof mit zwei Angestellten bleiben sollte. Und auch die Idee des Immobilienkaufs fand ich spannend, also nicht eine Zweizimmerwohnung zu kaufen, sondern gleich ein ganzes Fabrikgebäude – auch wenn es mich schlaflose Nächte gekostet hat.

Aber wir haben ja lange keine passende Immobilie gefunden und hatten später für den Fall, dass es bis zu einem bestimmten Zeitpunkt nicht klappt, einen Plan B: Das war die Idee, das Aldi-Prinzip zu übernehmen, also im ganzen Stadtgebiet verteilt viele Einzelflächen zu nutzen.

1989/90 haben wir angefangen zu suchen, da gab es im Westen schon nichts mehr, weil alle hofften, dass sie irgendwann mit steigenden Immobilienpreisen noch mehr Geld dafür bekommen, so blieb nur noch der Osten. Und im Osten war der einzige Weg die Treuhandanstalt. Nach zwei erfolglosen Bewerbungen für Treuhand-Objekte bin ich dann mit Monika Damm auf der Suche nach einem passenden Gebäude durch Prenzlauer Berg und Mitte gezogen. Es war wirklich Zufall, dass wir in der Anklamer Straße gelandet sind und da dann auch noch ein Pförtner saß, der Auskunft geben konnte. Den hatten sie abgestellt, er war der einzige in dem ansonsten leeren Gebäude. Wir fanden die Gebäude schön, die Gegend war damals weniger schön. Die Ausschreibungen der Treuhandanstalt haben wir eigentlich immer weggeworfen, weil uns das immer zu teuer war. Aber dann haben wir das Exposé wieder aus dem Papierkorb geholt und in einer Nacht-und-Nebel-Aktion die Bewerbung geschrieben, weil wir festgestellt haben, dass die Bewerbung am nächsten Tag schon da sein muss.

Man hatte so viele komische Erlebnisse in dieser Zeit. Z. B. habe ich für die ersten Verhandlungen mit der Treuhandanstalt bei Karstadt am Hermannplatz preisgünstig zwei kurze enge Röcke erstanden, mit denen kam ich aber nicht über die Absperrung am Parkplatz bei der Treuhandanstalt. Deshalb sind wir zum ersten Gespräch zu spät gekommen.

Oder einmal, als ich mit dem Geschäftsführer der Berlin Kosmetik an einem abgelegenen Ort Schnaps trinken gegangen bin, um rauszufinden, welchen Kaufpreis die Berlin Kosmetik nun tatsächlich haben wollte und um gutes Wetter zu machen. Da haben dann Antje Ripking und ihr Freund Schmiere gestanden, damit ich unbeschadet wieder aus dem Termin herauskomme.

Im Oktober 1992 haben wir nach einigen Monaten erfolgreichen Verhandelns den Kaufvertrag unterschrieben, ohne das Geld zu haben (siehe Beitrag von Claudia Gather auf S. 41 ff.) und ohne dass die Genossenschaft rechtskräftig eingetragen war. Es fehlte ohne Grundstück nämlich noch die Eröffnungsbilanz. Der Genossenschaftsverband hat immer gesagt, nein, es geht noch nicht, und so wurde die Eröffnungsbilanz als Voraussetzung der Eintragung erst nach dem Kauf 1992 erstellt.

Mit der Bauphase begannen neue Herausforderungen. Ich hab immer morgens um sechs schon da gesessen und manchmal auch noch um zwölf Uhr nachts, wenn die Vorstandssitzung dauerte. Ich habe in diesen zehn Jahren nur einmal drei Wochen am Stück Urlaub gemacht. Da haben mich die Kolleginnen noch auf Réunion angerufen, weil irgendwas fehlte.

Als dann zu dem irren Arbeitspensum noch die aus meiner Sicht hohen Ansprüche der ersten Mieterinnen kamen, wurde es anstrengend. Es waren nicht die Unternehmerinnen, die die Idee vorangetrieben haben.[1] Die haben wir bestenfalls mal für einen Pressetermin bekommen, aber nicht für die Aufbauarbeit. So haben wir zwischendurch Bedenken gehabt, ob wir mit unseren Plänen noch nah genug an den realen Bedürfnissen von Gründerinnen und Unternehmerinnen sind.

Zum Teil kann ich die Beschwerden der Mieterinnen von damals verstehen: Wenn man gerade gegründet hat und dann wird vor der Nase der Bauzaun errichtet, kommt natürlich keine Kundschaft mehr.

Aber sobald es darum ging mitzuhelfen, war ein Großteil der Mieterinnen nicht mehr aktiv. Die Mieterinnen als besondere Gruppe in der eG konnten sich nicht richtig artikulieren, es gab keine strukturierte Beteiligung. Es gab mal Ideen, dass die Mieterinnen einen Verein gründen. Wir haben das dann später so umgesetzt, dass Mieterinnen im Aufsichtsrat beteiligt sind. Es war ein schmerzhafter Prozess, eine Hausverwaltung zu werden und den ersten Mieterinnen klar zu machen, dass man die unternehmerische Verantwortung nicht bei der WeiberWirtschaft abgeben kann.

Zu den Erfolgsfaktoren zählt aus meiner Sicht, dass sich Frauen am Anfang beteiligt haben und gekümmert haben, die gar nicht selbst gründen wollten. Es haben sich dann genügend Frauen aus ganz verschiedenen Bereichen gefunden, die schlecht oder gar nicht bezahlt lange und hart gearbeitet haben. Auch die ganzen Aufsichtsrätinnen sind nach der Arbeit noch gekommen, unbezahlt. Zu den ganz harten Zeiten waren es drei Aufsichtsratssitzungen pro Woche.

Die Frauen haben sich nicht beirren lassen. Nicht von denen, die gesagt haben, kauft doch was Kleineres, fangt doch mit 200 qm an. Und auch nicht von den ersten Mieterinnen, die sich beschwert haben: zu teuer, schon wieder eine Baustelle.

Und dann hat das Ganze durch die Unterschrift unter dem Kaufvertrag über 12 Mio. DM und die anderen Verträge, insgesamt ja immerhin 36 Mio. DM, eine andere Dynamik bekommen. Damit hatten wir die Verantwortung für das Geld der Genossenschafterinnen. Und ich fühlte mich den 200 DM genauso verpflichtet wie den 1.000 DM. Es waren viele dabei, für die 200 DM viel Geld waren! Auch bei der Altlastensanierung später war der Kapitalerhalt für die Genossenschafterinnen ja einer der wichtigsten Antriebskräfte für uns.

Ich habe die Zeit schon sehr genossen. Wenn ich nach dem Studium woanders angefangen hätte, hätte ich nicht so viel ausprobieren können. Das wäre sonst nirgendwo gegangen.

---

1 Anmerkung der Herausgeberinnen: Das änderte sich im neuen Jahrtausend, interessanterweise sind heute mehr Mieterinnen und Unternehmerinnen in den ehrenamtlichen Gremien aktiv als je zuvor. Man kann das als gelungene „ownership" betrachten oder aber in Verbindung bringen mit der zunehmenden Attraktivität selbstverwalteter Strukturen in einer Zeit wachsender Skepsis gegenüber traditionellen Wirtschaftszusammenhängen.

„Es ist ein Kreislauf – du steckst rein und es kommt tausendfach zurück"
Mieterinnen im Gründerinnenzentrum

Der Text basiert auf einem Gespräch der Herausgeberinnen 2011 mit den Mieterinnen Carola Wallner-Unkrig (Einzug 1994), Rechtsanwältin (CWU), Konscha Schostak (Einzug 1996), Künstlerin und Unternehmerin (KSCH), Odette De Pasquali (Einzug 2001), Lotus Transfers Int. (ODP), Karin Stegemann (Einzug 2004), Frauenfahrschule (KST) und Gotelind Alber (Einzug 2008), Politikberatung Klimaschutz (GA).

Mieterinnen der ersten Stunde hatten es nicht leicht, denn während das Vorderhaus schon einzugsbereit war, fanden gleich nebenan noch monatelang die Bauphasen 2, 3 und 4 statt. Lärm, Schmutz und Mängel in der Infrastruktur bestimmten den Alltag – „da war noch nirgends Linoleum drin", ganz abgesehen von den Herausforderungen der Gründung selbst.

Es gab viele offene Fragen wie z. B. die nach der eigenen Rolle gegenüber der Genossenschaft bzw. die der Genossenschaft gegenüber den Mieterinnen. Einige erste Spielregeln hatte die Genossenschaft gesetzt. So muss (bis heute) jede Mieterin im Gründerinnenzentrum auch Mitglied der Genossenschaft werden. Alles andere musste erst entwickelt werden.

In der Erinnerung der ersten Mieterinnen war die Frage der jeweiligen Rolle eine Gratwanderung. Was genau stellt die Genossenschaft für die Mieterinnen dar, was muss und kann sie an Unterstützung leisten? Was ist Aufgabe und Verantwortung der einzelnen Mieterin bzw. Unternehmerin? Immer wieder standen Erwartungsklärungen an, in der ersten Phase oftmals konflikthaft. Eine Zeit lang wurde in den Gremien der Genossenschaft und unter Mieterinnen diskutiert, ob eine eigene Mieterinnenvertretung, eine eigene Struktur z. B. als formale Vereinsgründung nötig ist, zumindest aber eine Repräsentanz in den Gremien wie dem Aufsichtsrat sichergestellt werden muss. Eine, die der herausgehobenen Bedeutung der Mieterinnen gerecht wird, schließlich sind es die Mieterinnen, die die Miete zahlen und damit das „Kerngeschäft" der Genossenschaft, die Vermietung von Gewerberäumen, sicherstellen. Einerseits.

Anderseits hat die Genossenschaft alle ihre Mitglieder zu vertreten, auch diejenigen – und die sind deutlich in der Überzahl –, die nicht vom Standort selbst unmittelbar profitieren, gleichwohl investiert haben und auf eine Verzinsung ihrer Geldanlage verzichten, um den Aufbau des Gründerinnenzentrums zu ermöglichen und die Genossenschaft zu fördern.

Zudem war nicht immer klar, ob Kompetenz und Engagement in jedem Fall gut zusammenpassten. Eine Mieterin erinnert sich, „dass es Zeiten gab, da wollten ausgerechnet solche Mieterinnen in die Gremien, die schon in ihren eigenen Unternehmen betriebswirtschaftlich nicht erfolgreich waren." Und dass es gut für die Genossenschaft war, „dass Alternativen gefunden werden konnten (...), denn diese Kandidatinnen wurden nicht gewählt." (CWU)

Durchgesetzt hat sich schließlich die Idee, dass Mieterinnen im Aufsichtsrat grundsätzlich vertreten sein sollten. Gewählt durch die Generalversammlung, zwar ohne offizielles repräsentatives Mandat als Sprachrohr aller Mieterinnen, aber doch mit der Vorstellung, die Perspektive der Mieterinnen in den Gremien einzubringen und auch umgekehrt die Kommunikation zu unterstützen. Bis heute entscheiden gewählte Vertreterinnen der Mieterinnen im Nutzungsgremium wesentlich mit, wer ins Gründerinnenzentrum einziehen darf. Sie nehmen die Interessen der Mieterinnen bei Konkurrenzfragen wahr. Mieterinnen engagieren sich immer wieder zeitlich befristet, wie z. B. bei der Vorbereitung von Veranstaltungen wie den Tagen der offenen Tür oder als Mentorinnen für Gründerinnen.

In der Erinnerung der Mieterinnen nahmen die Konflikte zwischen Mieterinnen und Genossenschaftsleitung nach Abschluss der Bauphasen deutlich ab. Die Infrastruktur wurde stabiler, Rollen konturierten sich deutlicher: Mieterinnen sind für den Erfolg ihrer Unternehmen selbst verantwortlich, die Genossenschaft bietet professionelle und unterstützende Dienstleistungen und Infrastruktur. Diese ersten Konturen wurden stark gefordert, als es während der Altlastenkrise 1998–2000 noch einmal existenziell wurde für die Genossenschaft. Einige Mieterinnen mussten ihre gerade eingerichteten Räume verlassen, bekamen Alternativen innerhalb oder außerhalb des Gewerbezentrums und einen finanziellen Ausgleich, bei einigen wenigen wurde es ein endgültiger Abschied vom Gründerinnenzentrum. Dennoch half es, dass die WeiberWirtschaft eG in dieser schweren Situation bereits auf klarere Rollen blicken konnte.

Die Einrichtung des internen Mediationsangebots KLÄR-WERK als Teil einer proaktiven professionellen Konflikt-infrastruktur im Jahr 2000 (siehe auch den Beitrag von Margrit Zauner auf S. 65 ff.) trug dazu bei, auch die Frage der Konflikte kulturell und strukturell zu professionalisieren.

Gemeinsam tun – damals und heute

Die Erinnerung der Mieterinnen der ersten Stunde aus unserer Gesprächsrunde ist geprägt von den Erschwernissen der Gründungsphase und den Unzulänglichkeiten der Bauphase, aber auch von Aufbruchstimmung und Improvisation, viel Solidarität untereinander und Raum für intensive gemeinsame Aktivitäten.

„So schwierig war das damals mit den Telefonverbindungen, eine zentrale Telefonanalage als Idee, zwei Telefonanschlüsse von der Berlin Kosmetik geerbt, alles dauerte Monate, aber die Solidarität unter den Mieterinnen war hoch. Einmal hat eine Visitenkarten für alle gedruckt." (CWU)

Konscha Schostak erinnert sich an viele herausragende Erlebnisse, „besonders toll, die Fête de la Musique" im 1. Hof des Gründerinnenzentrums. Sie hatte sich die Veranstaltung ausgedacht und fand Mitstreiterinnen. 24 Mieterinnen und Frauen aus der Verwaltung haben begeistert mitgemacht. Es habe einen ständigen Überschuss an Ideen gegeben und viele Ideen seien ehrenamtlich nicht zu realisieren gewesen, wie z. B. das Freilichtkino, „das ist immer noch ein Traum."

Das Engagement der Mieterinnen ist ganz unterschiedlich. Auch das eigene Maß an Aktivitäten unterliegt Veränderungen, in manchen Phasen geht die Konzentration auf das eigene Unternehmen vor.

„Ich dachte, es laufen mehr Aktivitäten zusammen. Ich habe aber auch nicht dazu beigetragen, dass mehr passiert. Manche Frauen wollen eben nach der Arbeit nach Hause, das muss man akzeptieren, heute ist es sehr gut in meiner jetzigen Bürogemeinschaft." (GA)

„So wenig Frauen beim Weihnachtstreffen und manchen gemeinsamen Aktivitäten ... Ich habe heute aber mehr Verständnis, dass es unternehmerisch manchmal nicht geht, sich noch weiter zu engagieren." (KSCH)

Nicht für alle Mieterinnen sind die Vernetzungsangebote gleichermaßen und gleichzeitig bedeutsam. Die Türen der meisten Mieterinnen sind für die Nachbarinnen geöffnet, aber keine wird schräg angeschaut, wenn sie keine Zeit hat anzuklopfen. Die Verwaltung der Genossenschaft ist offen für Anregungen und zugleich angewiesen auf Unterstützung der Mieterinnenschaft.

Einiges an Vernetzungsbedürfnis der Gründerinnen fängt heute die Gründerinnenzentrale mit ihren Angeboten auf, z. B. mit den Stammtischen oder den Netzwerkabenden. Die Gesprächsrunde ist sich einig: Mieterinnen heute sind internationaler und gehen weit professioneller und besser vorbereitet in die Gründung als noch in den Anfangszeiten – vielleicht auch ein Erfolg der Aktivitäten der WeiberWirtschaft, die beständig die bessere Beratung und Begleitung von Gründerinnen öffentlich gefordert hat und ihre eigenen Angebote immer weiter ausbaute.

Auch die kontinuierliche Professionalisierung der Auswahl der Gründerinnen und damit deren Erfolgswahrscheinlichkeit hat zum Erfolg beigetragen. Die Genossenschaft „ist kontinuierlich in Entwicklung." (ODP)

Dies gilt auch für die Mieterinnen selbst. Die Bildhauerin Konscha Schostak, die einst als Künstlerin einzog, hat sich im eigenen Selbstverständnis und de facto zur Unternehmerin an der Schnittstelle von Kunst und Handwerk weiterentwickelt.

Erfolgsindikatoren

Die Mieterinnen betonen die Bedeutung der Frauennetzwerke, die die Genossenschaft für die Mieterinnen bzw. für Gründerinnen mitgeschaffen hat und die als sehr unterstützend erlebt werden. Dazu gehört auch die breitere öffentliche Wahrnehmung und Medienpräsenz von Gründerinnen und ihren speziellen Herausforderungen, an der die Genossenschaft maßgeblich Anteil hatte.

„Ich bin dankbar, von der Arbeit anderer profitieren zu können. Ich profitiere von den Vernetzungen, es kommen viele Frauen aus dem Ausland. Ich helfe gern und komme dann immer auch auf neue Ideen, dafür nehme ich mir gern die Zeit – aber nicht am Wochenende." (ODP)

Odette De Pasquali unterstreicht das Thema Empowerment: „Ich habe hier gelernt, meine Interessen durchzusetzen."

In der Binnenbeziehung Mieterin/Genossenschaft werden die kontinuierliche Qualitätsentwicklung, Unterstützung und Verlässlichkeit sowie die kommunikativen Kompetenzen betont. Die WeiberWirtschaft heute wird als professionelle Dienstleisterin gegenüber den Mieterinnen wahrgenommen. Dazu gehört eine gut funktionierende Verwaltung. Diese sei hilfsbereit, halte viele wichtige Informationen vor und kümmere sich um günstige Lösungen. „Hier wird einem zugehört und geholfen." (ODP)

Überhaupt habe die Genossenschaft mit viel Humor und Know-how immer viele Szenarien durchplant und sich beständig weiterentwickelt. Zugute gekommen sei ihr auch, dass sie sich nicht nur – anders als z. B. die Frauenbuchläden – auf eine eingeschworene Frauencommunity bezogen, sondern „den Szeneklüngel verlassen" habe.

Dazu hat auch die Offenheit für alle Kund_innen und Besucher_innen in ihrer Vielfalt beigetragen. Bewusst hat sich die WeiberWirtschaft aus der Tradition der 80er Jahre weiterentwickelt: Entscheidungsposition in Frauenhand kombiniert mit Offenheit für alle Geschlechter. Ganz praktisch geht es natürlich auch darum, die (höhere) Kaufkraft der Männer für die Frauenunternehmen zu erschließen. Einer der alten WeiberWirtschaft-Slogans steht dafür: „Wir geben Frauen Raum und machen Männern den Hof."

Im Nachhinein sei es die richtige Mischung aus Pragmatismus in bestimmten Momenten und Idealismus in anderen gewesen, die maßgeblich zum Erfolg beigetragen habe. Und die Bereitschaft, Verantwortung zu übernehmen. Natürlich auch „die viele Arbeit, die Selbstausbeutung, das Ehrenamt."

Raum für Utopien

Auf eine Art ist bei den befragten Mieterinnen „das Überschüssige" an Ideen geblieben. Ein eigener Bioladen vor Ort wäre schon fein und ein Hotel für die Tagungsgäste, endlich eine eigene Bank, aber nun wirklich eine zweite Immobilie. Manchmal sind die Ideen ganz nah an den eigenen unternehmerischen Träumen, etwa, wenn sich Karin Stegemann mit ihrer Frauenfahrschule eine Tiefgarage mit einem Autolift wünscht und „viel kleinere Autos". Oder sie sind nah an der beruflichen Expertise, wenn die Klima- und Energieexpertin Gotelind Alber sich „noch bessere Energiemaßnahmen z. B. bei den Fenstern" vorstellt. Oder wenn die Musik beflügelt, wie in den Anfängen die Fête de la Musique, und ein Musikkeller für eine Frauenband als Proberaum, vielleicht gar eine WeiberWirtschaftsband oder doch ein Chor erträumt werden.

Und dann ist da die Sache mit (wieder) mehr gemeinsamen Aktivitäten und Austausch. Ein regelmäßiges After-Work-Treffen der Unternehmerinnen nimmt Odette De Pasquali gleich nach unserem Gespräch in Angriff. Die Einkommenskluft zwischen Unternehmern und Unternehmerinnen muss dringend kleiner werden, die Unternehmerinnen sollten sich noch stärker über Preisverhandlungen austauschen und vielleicht gar ihre Erfolge twittern. Die WeiberWirtschaft lässt Raum für Selbstorganisation!

Vielfalt an der Nahtstelle von Politik und Ökonomie
Aufsichtsrätin Margrit Zauner im Gespräch über Konflikte als Lernfeld (Mai 2010)

Eine der großen Stärken der WeiberWirtschaft sehe ich in ihrer Position an der Nahtstelle zwischen Vision und Realität, zwischen politischer und realwirtschaftlicher Verankerung. Es ist gelungen, die WeiberWirtschaft in unterschiedlichen gesellschaftlichen Bereichen zu verankern. Die Genossenschaft verbindet unterschiedliche Netzwerke und hat damit eine Schnittstellenfunktion entwickelt. Wenn ich mir die Heterogenität der Genossenschafterinnen angucke, kann die WeiberWirtschaft ein Ort sein für politische Besucher_innenprogramme, aber auch für „ganz normale" Frauen. Es gibt eine Vielfalt von Andockmöglichkeiten für ganz unterschiedliche Frauen und auch für interessierte Männer.

Die „Firma" WeiberWirtschaft ist ein echtes „Asset"[1]. Genossenschafterinnen oder interessierte Unterstützer_innen haben ganz unterschiedliche Vorstellungen von dem, was dahinter steht. Das ist auch gut so! Wichtig ist, dass die Genossenschafterinnen bereit sind, die WeiberWirtschaft finanziell oder ideell weiterzuentwickeln. Dafür lässt die Genossenschaft auch außerordentlich viel Spielraum![2]

1 Anlagevermögen

2 Der Zweck der Genossenschaft laut Satzung reicht von Frauenförderung bis Ökologie und Denkmalschutz. Siehe www.weiberwirtschaft.de/informieren/genossenschaft/organisation/satzung.

Positionen im Aufsichtsrat

Auch der Aufsichtsrat ist kein politisch homogenes Gremium. Es versammeln sich im Aufsichtsrat politisch motivierte Feministinnen und auch Frauen, deren Fokus eher auf praktisch unternehmerischen Fragen liegt und die sich weniger als politische Akteurinnen verstehen. In der Summe ist diese Heterogenität eine große Stärke. Die WeiberWirtschaft muss immer wieder ihre Position zwischen Politik und Ökonomie bestimmen, sich dazwischen immer wieder austarieren. Denn wir brauchen beides! Es wäre für uns auch als Unternehmen fatal, wenn wir nur noch eine normale Vermieterin wären. Und so gibt es durchaus ein konsolidiertes mehrheitsfähiges Wertekonzept der WeiberWirtschaft auf der Grundlage der Satzung, das auch für die Mitarbeit in Vorstand und Aufsichtsrat Maßstäbe setzt.

Lernfeld: Konflikte mit Mieterinnen

Natürlich gab es nicht vom ersten Tag an eine gemeinsame und auch in der täglichen Alltagspraxis operationalisierte Wertegrundlage. Einer der ersten Fälle, an dem wir unsere Position geschärft haben, war die Frage: Wie gehen wir mit den Mietschulden einzelner Mieterinnen um?

Unsere Position hat sich verschoben, von der Haltung: „Wir tun den Mieterinnen etwas Gutes, indem wir in Sachen Zahlungsverpflichtungen nachgiebig sind und sie machen lassen" hin zu „Wir tun den Mieterinnen keinen Gefallen damit, wenn wir Mietschulden länger auflaufen lassen." Für alle Beteiligten war das ein sehr schmerzhafter Prozess, wir haben es mit tiefen Existenzängsten und emotionalen Ausbrüchen zu tun gehabt. Für einzelne ist ein Lebenstraum zerbrochen, wenn die lang ersehnte Selbständigkeit nicht zum Erfolg geführt hat. Wenn Gewerbetreibende in einer Situation sind, in der sie sowieso schon immer am Existenzminimum wirtschaften, ist die Konfrontation mit den wirtschaftlichen Erfordernissen einer Vermieterin hart. Eine Vermieterin, die selber Gründerin ist und Verantwortung und auch harte Verpflichtungen gegenüber ihren Mitgliedern und Geldgeber_innen hat. Die größten politischen Forderungen an die WeiberWirtschaft sind ausgerechnet immer dann entstanden, wenn einzelne Gründungsvorhaben an der realen Wirtschaftswelt zu scheitern drohten.

Die Genossenschaft hat Lehrgeld gezahlt und Erfahrungswissen aufbauen müssen: Wenn man schon dreimal erlebt hat, dass Mieten auch nach einer längeren stillschweigenden Stundung nicht gezahlt werden, diskutiert man beim vierten Mal schon eher darüber, und zwar über Sanierungspläne. Die Genossenschaft konnte und kann sich Mietschulden schlicht nicht leisten. Aber das wurde

der WeiberWirtschaft immer wieder als Solidaritätsverlust vorgeworfen. Weil sie eine politische Vision von der Genossenschaft als „große nährende Mutter" hatten, haben manche Mieterinnen eine nicht zu erfüllende Anspruchshaltung entwickelt. Hier klar zu bekommen und auch dafür zu werben, dass alle unterschiedlichen Gruppen, externe Genossenschafterinnen, die „Firma WeiberWirtschaft", Mieterinnen und Geldgeber wie Banken oder der Berliner Senat legitime Ansprüche und Forderungen haben, war eine schwierige und anstrengende Aufgabe.

Aber ich kann mich auch an Fälle erinnern, wo die Mieterinnen mit etwas zeitlichem Abstand eingelenkt und sogar gesagt haben „Heute bin ich Euch dankbar, dass Ihr so früh gesehen habt, dass das nichts wird. Ein Vierteljahr länger hätte mir nichts gebracht außer mehr Schulden." Auch für uns in den Gremien war dies schmerzhaft. Wir mussten mit der inneren Stimme klarkommen, die sagt: „Das kannst Du jetzt nicht machen, das ist unsolidarisch!", wir mussten lernen, innere Distanz aufbauen. Wir haben uns unendlich viele Gedanken über von wirtschaftlichen Problemen betroffene Frauen gemacht und uns immer wieder gefragt: „Übernehmen wir jetzt die männlichen Verhaltensweisen aus der bösen Wirtschaftswelt?"

Wir haben uns natürlich viel mehr gekümmert als „normale Vermieter" und auch versucht, Stege über den einen oder anderen Graben zu bauen. Aber wenn gleichzeitig die Liquidität des Ganzen gefährdet war, mussten wir in den Gremien, die die Verantwortung für das Ganze tragen, genau abwägen.

Am Ende dieses Prozesses hatten wir dann klare Regeln zu diesem Thema. Wir haben für uns geklärt, dass man auch in einem feministisch-ökonomischen Projekt eine klare Kante zeigen kann und sogar muss. Seither gibt es für den Umgang mit Mietschulden klare Regeln, die auch von den Mieterinnen akzeptiert werden.

Besondere Wertekultur

Deshalb sind wir trotzdem nicht plötzlich eine ganz normale Vermieterin geworden. Wir machen die WeiberWirtschaft aus einer tiefen Überzeugung und mit sehr viel Herzblut. Uns alle verbindet die Liebe zu diesem Ort. Eine Kultur des anderen Wirtschaftens ist bei uns immer noch ein Thema, deshalb machen wir uns keine dieser wirtschaftlichen Entscheidungen leicht. Das merkt man dem Ort auch an!

Die WeiberWirtschaft eG ist ein Unternehmen, das soziale und gesellschaftliche Verantwortung seit der Gründung lebt. Die Genossenschaft hat frühzeitig gehandelt, schon bevor in einschlägigen Hochglanzveröffentlichungen grassierende Schlagworte wie Corporate Social Responsibility oder Corporate Citizenship die Runde machten. Die gesellschaftliche Verantwortung der WeiberWirtschaft für ihre Umgebung oder die Vereinbarung eines Corporate Governance-Kodex für die Arbeit in den Gremien der Genossenschaft sind Ausdruck dieses Verständnisses und werden im Gegensatz zur aktuell beobachtbaren bundesdeutschen Diskussion eher gelebt denn publiziert.

Diversität der Mieterinnen

Auch innerhalb der Mieterinnenschaft gibt es eine Scheitellinie: Es gibt Mieterinnen, die aus Werteüberzeugung hier sind. Und es gibt auch Mieterinnen, die hier sind, weil wir ein ordentliches Preis-Leistungs-Verhältnis und eine ordentliche Verkehrsanbindung und eine professionelle Hausverwaltung haben und weil die Räumlichkeiten ihren ästhetischen Vorstellungen entsprechen. Und natürlich gibt es erstere, die zweites ebenfalls schätzen … Unsere Stärke ist, dass wir Raum für unterschiedliche Wünsche bieten. Mit der Wertestruktur allein hätten wir es nicht schaffen können. Mir sind beide Gruppen gleich lieb, wir brauchen beide!

Beide haben besondere Erwartungen an uns. Den einen ist vielleicht wichtiger, dass die defekte Glühlampe schnell ausgetauscht wird, und den anderen eher die Mitgestaltungsmöglichkeit. Wir müssen unterschiedlichen Anforderungen entsprechen. Beide Seiten helfen uns dabei, das jeweilige Feld nicht zu vernachlässigen. Sie wirken wie ein gegenseitiges Korrektiv und beides zusammen macht unsere Stärke aus: die Balance zwischen Visionen, Werten und Wirtschaftlichkeit.

Beispiel KLÄRWERK

Auch die Entstehung des internen Mediationsangebots KLÄRWERK zeigt, dass wir trotz wirtschaftlichen Handelns eine besondere Wertekultur pflegen. Nach den stürmischen Zeiten während der Altlastensanierung ist das KLÄRWERK heute wie das Netz eines Trapezkünstlers: Eigentlich fällt keiner mehr rein, aber es ist gut, dass es da ist.

Das KLÄRWERK ist ein Versprechen an die Mieterinnen und auch ein Ort, an dem eine präventive Klärung von Fragen oder Unzufriedenheit stattfinden kann, z. B. eine öffentliche Erläuterung der Betriebskostenabrechnung. Wir tauschen uns aus über Hofnutzung oder Parken oder Schließregelung, also Fragen des Zusammenlebens der Mieterinnen. Die Frage ist immer, ob man die Interessen aller berücksichtigen und gegeneinander abwägen kann. Wenn man Außenstehende ist, versteht man manchmal nicht, weshalb manche Themen emotional so besetzt sind. Wir sitzen durchaus manchmal zu fünft eine Stun-

de zusammen, um über unternehmerische Alltagsfragen, die die Gemeinschaftsflächen betreffen, zu verhandeln, manchmal „typische WG-Probleme", z. B. wer wann putzen muss.

Blick in die Zukunft

Mein Ziel für die WeiberWirtschaft der Zukunft ist, dass wir uns keine Sorgen mehr um die Frage machen müssen, wie wir Zins und Tilgung bezahlen, sondern mit dem Ertrag unserer Immobilie über die Realisierung des Satzungszwecks neu nachdenken können. Es wäre toll, wenn wir weitere Geschäftsfelder erschließen, neue Herausforderungen annehmen könnten, weil das Kerngeschäft – wie schon heute – funktioniert.

Wir sollten dann auch an einen Punkt kommen, an dem wir „noch" professioneller sein können: Dazu gehört für mich, die viele Energie und Arbeit auch materiell wertzuschätzen. Von Beginn an wurde ein außerordentlich hohes Maß an ehrenamtlichem Engagement von Frauen in die WeiberWirtschaft investiert. Auch die Gremien der Genossenschaft arbeiten ehrenamtlich. Die Mitarbeit im Aufsichtsrat beinhaltet keine Aufwandsentschädigung. Worin ein gutes Maß an Ehrenamt besteht und wo es sich um noch zu viel Selbstausbeutung handelt, sollten wir immer wieder diskutieren.

April 1996 Benefiz Kita-Finanzierung

Sommerfest der Kita „Casa Fantasia" in der WeiberWirtschaft der Fröbel Berlin gGmbH, 2012

Kinderzeichnung von Wilma, Genossenschafterin seit 1996

„Pippi Langstrumpf", Postkartenmotiv 2003, Kinderzeichnung von Carla Prüfer, die damals in den Kindergarten der Weiber-Wirtschaft ging.

Mai 1996 Eröffnung Tagungsbereich

PR-Foto mit Claudia Neusüß

Tagungsbereich 1996

Die Anklamer Straße im Frühjahr 1996

Zeichnungen der
Architektin Inken Baller

Der Tagungsbereich heute

Links im Bild Carola von Braun

September 1996 Gesamteröffnung des Gründerinnenzentrums

V.l.n.r.: Claudia Neusüß, Christine Bergmann, Berliner Senatorin für Arbeit, berufliche Bildung und Frauen, und Claudia Gather bei den Eröffnungsreden

Imagebroschüre 1996

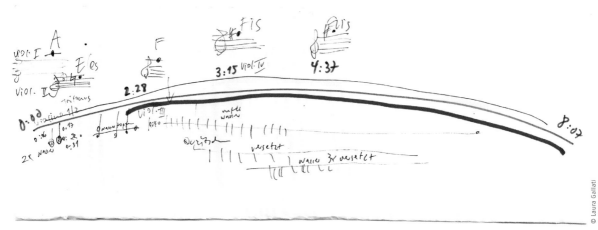

Laura Gallati: Aus den Skizzenbüchern 1997–2002. Die Musikerin und Komponistin war Mieterin in der WeiberWirtschaft.

Sabine Smentek
„Das WeiberWirtschafts-Wunder" – Altlastensanierung 1999
Chronologie der Ereignisse

Juni 1998

Wir, der Vorstand der WeiberWirtschaft – Ute Schlegel-milch, Katja von der Bey und Sabine Smentek – sind gerade ein Jahr im Amt und haben so vieles vor. Die Genossenschaft und das Gründerinnenzentrum sind mitten in der Übergangsphase vom Projekt zum Unternehmen. Wir wollen diese Veränderung aktiv gestalten; mit der WeiberWirtschaft eG zeigen, dass Frauen anders wirtschaften (können). Befreit vom Existenz- und Baukampf früherer Jahre wollen wir jetzt nach vorn blicken ... Da beschweren sich die ersten Mieterinnen über seltsame Gerüche in ihren Einheiten – und ehrlich gesagt, ich fand auch, dass es im Tagungsbereich komisch roch ...

Ich weiß heute nicht mehr, wann wir anfingen, die Dimension der „Gerüche" zu begreifen. Zunächst haben wir eher nebenbei Raumluftmessungen in Angriff genommen; da konnten doch keine Schadstoffe verborgen sein! Schließlich hatten wir mit viel Mühe ökologisch saniert und begleitend zu den Baumaßnahmen Schadstoffmessungen vornehmen lassen – und doch ... es roch!

Oktober 1998

Die Motte war das Symbol für den Stoff, den die Messungen schließlich zutage förderten: Naphtalin. Naphtalin? Nie gehört – soll wohl in Mottenkugeln vorkommen. Wir alle gehörten zu der Generation, die den Geruch von Mottenkugeln nicht von klein auf aus dem Kleiderschrank kannten. Aber wir alle werden weder den Geruch noch die Schreibweise je wieder vergessen.

„Unser" Naphtalin ist mit ungereinigter Teerpappe in die Zwischendecken unseres Hauses in den 20er oder 30er Jahren als Dämmmaterial eingebaut worden. Und – der Treppenwitz des Jahrhunderts: Durch die ökologische Sanierung der WeiberWirtschaft (Heizung, dichte Fenster und Abtragen der Fliesen an den Wänden) hat das Naphtalin in drei Jahren den Weg in die Raumluft gefunden. „In die Raumluft diffundiert" – auch so ein Fachbegriff, den wir nicht mehr vergessen werden.

Januar 1999

Nun steht es fest: 3 Mio. DM kostet die Sanierung der kontaminierten Flächen. Es handelt sich quasi um eine Entkernung der Hälfte der Nutzfläche – und das nur wenige Jahre nach der Gesamteröffnung des Gründerinnenzentrums. Die erneute Sanierung ist alternativlos. Mittlerweile ziehen erste Mieterinnen aus und an eine Neuvermietung ist unter den Bedingungen nicht zu denken. Der Geruch wird nämlich mit der Zeit stärker. Die verbliebenen Mieterinnen wollen verständlicherweise auch wissen, was los ist. Auf einer außerordentlichen Generalversammlung erläutert der Vorstand die Situation.

April 1999

Die Presse berichtet über den Fall – nicht gerade freundlich: „Der WeiberWirtschaft geht die Luft aus." In dieser Situation finden erste Gespräche mit dem Land Berlin und vielen anderen Akteuren statt. Nach einigen ablehnenden Statements des Senats schält sich eine Möglichkeit der erneuten öffentlichen Förderung für die WeiberWirtschaft heraus: Hierbei müsste die WeiberWirtschaft eG allerdings einen Eigenanteil von 20 % – also 400.000 DM – aufbringen. Dieses Geld haben wir natürlich nicht. Das weiß auch das Land Berlin – von heute aus betrachtet kann ich verstehen, dass der Senat nicht gerade freudig auf unseren Fördermittelantrag reagierte. Schließlich war das Gründerinnenzentrum schon Anfang der 90er Jahre mit erheblichen öffentlichen Mitteln erworben und saniert worden. Und die Ertragslage hatte sich leider auch nicht so entwickelt wie prognostiziert. Warum also schlechtes Geld gutem hinterherwerfen?

Es wird eine „Auffanglösung" diskutiert. Das Grundstück könnte von einer landeseigenen Gesellschaft übernommen werden, die Mietverträge bleiben bestehen. Aber die Idee der WeiberWirtschaft – eine Immobilie und das Gründerinnenzentrum in Frauenhand – wäre verloren. Vorstand und Aufsichtsrat sind sich einig: Das kann nicht sein! Wir haben nicht so lange für unsere Idee gekämpft, um jetzt zu scheitern!

Mai 1999

Die ehrenamtlichen (sic!) Vorstandsfrauen sehen sich in dieser Zeit fast täglich. Nachdem die Chance für die Finanzierung der Sanierung am Horizont aufgetaucht ist, werden wir kreativ. Die erforderlichen Eigenmittel bedeuten die Einwerbung von 2.000 Anteilen an der Genossenschaft. Glaube versetzt Berge – so heißt es. Und wir glauben an die Solidarität der Frauen und an die Idee der WeiberWirtschaft! Aber wer soll noch Anteile an einem gefährdeten Unternehmen zeichnen?

Wir richten ein Treugeldkonto ein, damit wir die ab jetzt eingeworbenen Anteile im Konkursfall zurückzahlen können. Wir planen eine Kampagne zur Einwerbung der 2.000 Anteile und legen gemeinsam mit dem Aufsichtsrat los. Die Kampagne umfasst alle Methoden professionellen Fundraisings – Direktansprache über Telefonanrufe, öffentlichkeitswirksame (Kultur-)Veranstaltungen, begleitende Pressearbeit und im Hof wird jeden Tag auf einem Abakus sichtbar gemacht, wie viele Anteile bereits gezeichnet wurden. So ganz nebenbei informiert sich der Vorstand in dieser Zeit über die Modalitäten der Konkurseröffnung – denn noch ist nicht sicher, ob die WeiberWirtschaft überlebt. Aus der Liquiditätsplanung der Genossenschaft ist ersichtlich, dass das Geld bis Ende September reicht, da natürlich Mieterinnen ausziehen.

Wir setzen alles auf eine Karte: Für die Kampagne nehmen wir alles Geld in die Hand, was noch da ist, und beauftragen eine Agentur mit der professionellen Durchführung. Wir schreiben die Architektenleistung aus und sind so für alles gerüstet.

24. September 1999 – die WeiberWirtschaft ist gerettet!

Punktlandung nennt man das – nur ein paar Tage vor Eintritt der „Illiquidität" sind die 2.000 Anteile gezeichnet. Das bedeutet eine Kapitalerhöhung von ca. 30 % innerhalb von fünf Monaten – und nicht etwa über eine Großinvestorin! Der Regierende Bürgermeister kommt zu einem Empfang in den Tagungsbereich und das Geld kann fließen.

Ein Jahr später: September 2000

Der Rest ist für Vorstand und Aufsichtsrat fast schon Routine. Die Mieterinnen werden umgesetzt, die Bauarbeiten begleitet, die öffentlichen Mittel abgerechnet. Die nach der Sanierung durchgeführte Vermietungskampagne hat Erfolg! Binnen weniger Monate wird der Vermietungsstand von vor der Altlasten-Sanierung übertroffen. Die

WeiberWirtschaft ist durch die Kampagnen der letzten Monate wesentlich bekannter geworden, das hilft bei der Neuvermietung.

Die Erfolgsfaktoren der Kampagne oder „Warum hat das eigentlich geklappt?"

Betriebswirtschaftlich betrachtet war die Situation des Jahres 1998 fast aussichtslos. Ab Herbst 1998 war etwa die Hälfte der Gewerbeeinheiten faktisch nicht mehr vermietbar. Bei der sowieso angespannten Ertragssituation der WeiberWirtschaft eG bedeuteten diese Einnahmeausfälle kurzfristig einen existenzbedrohlichen Liquiditätsengpass. In dieser Situation eine Kapitalerhöhung von über 30 % in Angriff zu nehmen ist „mutig" – eigentlich nicht zu vertreten. Wieso haben wir Verantwortlichen des Jahres 1999 es trotzdem gewagt und gewonnen? Wie immer ist der Erfolg nicht nur aufgrund einer Einflussgröße zu erklären. In der Rückschau waren es mindestens sieben Erfolgsfaktoren, die zu unserem „Wunder" beigetragen haben – eine einzigartige Situation!

Erfolgsfaktor 1:
Die Idee der WeiberWirtschaft trägt.

Erinnern wir uns: Das Jahr 1999 ist geprägt von dotcom-Unternehmen und neuen Märkten. Die Frauenbewegung – wo ist sie geblieben? Für junge Frauen in Deutschland ist Berufstätigkeit normal – dass sie in dieser Berufstätigkeit nach wie vor benachteiligt werden, ist kaum ein Thema. Der (kurzfristige) Erfolg von Internet-Firmen macht Existenzgründung allerdings zum beherrschenden wirtschaftspolitischen Thema. Frauen als Zielgruppe dieser Wirtschaftspolitik liegen damit voll im Trend. Die WeiberWirtschaft mit ihrem Gründerinnenzentrum ist zu einem Vorzeigeprojekt Berliner/deutscher/internationaler Wirtschafts- und Gleichstellungspolitik geworden. Und auch für die Frauen, die bisher schon Genossenschafterinnen geworden sind oder es noch werden, ist unternehmerische Selbständigkeit von Frauen kein Thema von gestern. Damit ist gesellschaftlich die Voraussetzung für die große Solidarität der Frauen mit „ihrem Projekt" geschaffen.

Erfolgsfaktor 2:
Das finanzielle Risiko der Anteilszeichnerin ist begrenzt.

Ein Anteil an der Genossenschaft WeiberWirtschaft kostet 200 DM. Dieser niedrige Anteilswert war bei der Gründung der WeiberWirtschaft bewusst gewählt – sollte doch jede Frau die Möglichkeit haben, Genossenschafterin der WeiberWirtschaft eG zu werden. Um Mitglied einer Wohnungsbaugenossenschaft zu werden, muss man schon damals viel tiefer in die Tasche greifen. In der Krisensituation des Jahres 1999 ist so das finanzielle Risiko für jede Frau, die die Idee der WeiberWirtschaft eG am Leben halten will, begrenzt. Nachdem wir über die Einrichtung eines Treugeldkontos auch noch den Konkursfall für die neuen Anteile absichern konnten, war das finanzielle Risiko für die Frauen faktisch nicht vorhanden. So konnten viele ihren Beitrag zur Rettung der Idee leisten.

Erfolgsfaktor 3:
Die WeiberWirtschaft eG ist ein aktives Netzwerk und kann so unterschiedliche Kompetenzen mobilisieren.

Das WeiberWirtschafts-Wunder war nur mit massiver Unterstützung unterschiedlichster Expert_innen zu organisieren. Die WeiberWirtschaft hatte Netzwerkarbeit bereits seit ihrer Gründung intensiv und aktiv betrieben. Ein Schatz, den wir nun heben konnten. Von der Immobilienbranche über juristische Kompetenz bis hin zur gerade entstehenden Kulturwirtschaft haben viele Unterstützer_innen ihr fachliches Know-how der WeiberWirtschaft zur Verfügung gestellt.

So konnten wir die Entscheidung für den richtigen Weg aus der Krise mit kompetenter Beratung fällen und haben so ganz nebenbei Tausende D-Mark an Honoraren gespart, die wir in die Kampagne selbst stecken konnten. Noch heute gilt unser Dank den vielen Beraterinnen und Beratern.

Erfolgsfaktor 4:
Das direkte politische Umfeld und die Berliner Verwaltung sind wohlgesonnen.

Seit ihrer Gründung hat die Genossenschaft Partei für selbständige Frauen ergriffen. Auch in politischen Diskussionen vertritt sie noch heute deren Belange. In vielen Hearings und Veranstaltungen sind Vorstand und Aufsichtsrätinnen als Referentinnen gern gesehene Expertinnen. Mehrere Jahrzehnte Gleichstellungspolitik war in allen Parteien angekommen. Die WeiberWirtschaft war immer politisch und parteilich, aber nie parteipolitisch. Vertreterinnen und Vertreter aller Parteien haben die Idee des Gründerinnenzentrums zum Zeitpunkt des Kaufs und der ersten Sanierung unterstützt. Und auch in der Berliner Verwaltung konnte die Genossenschaft auf Unterstützung zählen, vielleicht gerade weil die WeiberWirtschaft nicht einer bestimmten politischen Farbe zuzurechnen war, sondern sich als Wirtschaftsunternehmen der besonderen Art mit gesellschaftspolitischem Satzungsauftrag präsentierte. Diese Tatsache hat sicher erheblich dazu beigetragen, dass die Bereitschaft für die erneute Finanzierung parteiübergreifend vorhanden war.

Erfolgsfaktor 5:
Das finanzielle Risiko des Landes Berlin ist im Konkursfall höher als die Weiterförderung!

Man muss es klar sagen: Die Bereitschaft zur Unterstützung der Idee allein hätte nicht zu einer erneuten Förderung geführt. Schließlich galten für die Förderentscheidung auch knallharte wirtschaftliche Fakten. Dies hieß im konkreten Fall eine Abwägung der finanziellen Risiken für mindestens zwei Szenarien. Zum einen musste die WeiberWirtschaft eG darstellen, dass nach der Altlastensanierung ein nachhaltiger wirtschaftlicher Erfolg wahrscheinlich sein würde. Dies war nach den bisherigen Jahren der Bilanzverluste nicht ganz so einfach. Nur so jedoch konnte das Land Berlin die Entscheidung für eine erneute öffentliche Förderung mit Steuergeldern rechtfertigen.

Die Alternative hierzu war die Insolvenz der Genossenschaft, ob nun durch das Auftreten der Altlasten oder auch nach der Altlastensanierung. In jedem Fall wäre die Insolvenz der Genossenschaft für das Land Berlin eine teure Veranstaltung gewesen. Teil der Ursprungsfinanzierung war eine Kreditsicherung als Landesbürgschaft in Millionenhöhe, die das Land Berlin bei einer Insolvenz der WeiberWirtschaft eG an die finanzierenden Banken hätte bezahlen müssen. Diese Tatsache hat wohl erheblich dazu beigetragen, dass trotz unsicherer Prognose eine erneute Finanzierung darstellbar schien. So hatten auch die Landespolitiker, denen das Gründerinnenthema nicht ganz so nahe war, einen handfesten finanzpolitischen Grund, der erneuten Finanzierung zuzustimmen.

Erfolgsfaktor 6:
Der Standort des Gründerinnenzentrums ist und bleibt attraktiv für Gründerinnen.

Bereits beim ersten Auftreten der seltsamen Gerüche in der WeiberWirtschaft war das Echo der Mieterinnen erstaunlich. Es gab nur wenige Auszüge und geringe Mietminderungen. Nach der Sanierung konnte der Standort mit seiner speziellen Infrastruktur trotz teilweise negativer Presse viele Neumieterinnen überzeugen. Ohne die schnelle Neuvermietung, verbunden mit einer immer professionelleren Verwaltung des Gründerinnenzentrums, wären die Folgejahre wirtschaftlich erheblich problematischer verlaufen.

Erfolgsfaktor 7:
Teamwork und Diversity Management in Vorstand und Aufsichtsrat.

In der Generalversammlung des Jahres 2000 hat der Vorstand seine damalige Sicht der Altlastenkrise in einer Sprechperformance mit verteilten Rollen als etwas andere Form des Rechenschaftsberichts dargestellt. Liest man diesen Text heute, so wird eines klar: Wir Vorstandsfrauen haben uns während der ganzen Zeit der Krise immer wieder gegenseitig aus der Depression geholfen. Jede von uns hat mindestens einmal nicht mehr an den Erfolg geglaubt. Aber da waren immer noch die beiden anderen. Diese besondere Form von Teamwork hat uns über den gesamten Zeitraum getragen.

Im Vorstand waren unterschiedlichste Kompetenzen vertreten: zwei BWLerinnen mit unterschiedlichem beruflichem Erfahrungshintergrund und eine Kunsthistorikerin mit jahrelanger Berufspraxis in der Immobilienbranche.

Ute Schlegelmilch als langjährige Geschäftsführerin der WeiberWirtschaft eG hatte bereits die erste Sanierung als Baubetreuerin erlebt und kannte daher die Immobilie und die Gewerke aus dem Effeff.

Katja von der Bey konnte als Kunsthistorikerin ihr kreatives Potenzial in der Gestaltung der kulturellen Events der WeiberWirtschafts-Wunderwoche ausleben und ihre Kontakte in die Künstlerinnenszene Berlins einbringen. Darüber hinaus war sie aufgrund ihrer Erfahrungen als Programmiererin in der Lage, selbst komplizierteste Szenarien in Excel-Tabellen zu visualisieren. Mit ihrer Fähigkeit zu aktiver Kommunikation und Öffentlichkeitsarbeit gelang es ihr, die richtigen Botschaften in die Öffentlichkeit zu bringen.

Ich selbst war gelernte Bankerin und konnte so die Finanzierungsfragen und notwendigen Verhandlungen mit Banken über Zinsen und Tilgungsaussetzungen begleiten. Als selbständige Unternehmensberaterin kannte ich die Methoden der Liquiditätsplanung und des Finanzcontrollings, die uns halfen, die Kampagne zu planen und dabei den finanziellen Überblick nicht zu verlieren.

Die Mischung „alter" und „neuer" Frauen in Vorstand und Aufsichtsrat mit unterschiedlichen Erfahrungen und Kontakten hat dazu geführt, dass wir gemeinsam alte und neue Unterstützer_innen mobilisieren konnten. Für fast jede Zielgruppe hatten wir die richtige Kommunikationspartnerin in einem unserer Gremien.

Diversity Management war das Zauberwort – ohne dass es damals eine von uns so genannt hätte. Jede von uns konnte etwas anderes besonders gut und erst unsere unterschiedlichen Erfahrungen und Kompetenzen gemeinsam haben dazu geführt, dass wir die Krise erfolgreich bewältigen konnten.

Positiv hat sich darüber hinaus aus meiner heutigen Sicht die Ehrenamtlichkeit in den Gremien der WeiberWirtschaft ausgewirkt. Die finanzielle Abhängigkeit von der WeiberWirtschaft war zwar bei den zwei Vorstandsfrauen vorhanden, die bei der WeiberWirtschaft angestellt waren. Allerdings hatten beide Frauen durchaus andere berufliche Perspektiven. Und so war es wirklich eine Frage der Ehre, die WeiberWirtschaft eG zu retten.

Ein wenig Wasser in den Wein ...

Eine Schilderung der Altlastenkrise der WeiberWirtschaft eG wäre nicht vollständig, wenn man die Konflikte dieser Zeit unerwähnt ließe. Nicht alle Frauen sind den Weg mit uns gegangen. Bevor klar war, ob wir die Krise überleben würden, haben einige Mieterinnen aktiv und laut ihr Misstrauen gegenüber dem Vorstand geäußert. Der Vorwurf lautete „Verschleierung". Angeblich hätte „der Vorstand" bereits zum Zeitpunkt des Kaufs des Grundstückes von Altlasten gewusst, würde nun „auf Zeit" spielen, um weiterhin Miete einzunehmen, und gesundheitliche Risiken herunterspielen. Natürlich fanden wir im Vorstand damals diese Reaktion unerhört! Schließlich wurde diese Auseinandersetzung sogar in der Presse dokumentiert und das war so ziemlich das Letzte, was wir in der Situation gebrauchen konnten. Wir fühlten uns zu Unrecht angegriffen und haben sicher nicht immer mit Gleichmut reagiert. Es gelang uns zwar, in einer außerordentlichen Generalversammlung und in Mieterinnenversammlungen die Situation zu entschärfen, aber richtig ist auch, dass wir einige wichtige Frauen verloren haben. Sie sind leider im Streit aus der Genossenschaft ausgeschieden. Dies war die Geburtsstunde des KLÄRWERKs, einem Ausschuss des Aufsichtsrates, in dem seitdem Konflikte mit Mieterinnen in einer internen Mediation diskutiert und gelöst werden.

Was haben wir mitgenommen und wo stehen wir heute? Für alle Beteiligten war die damalige Zeit eine Ausnahmesituation. Mir geht es so, dass ich mit bestimmten besonderen Ereignissen in meinem Leben Bilder verbinde: Die Motte, die Katjas Schwester für uns genäht hat, ist so ein Bild, das mich begleitet, oder das Marmeladenglas, in dem ein Stück der kontaminierten Teerpappe lange Zeit zur Ansicht bereitlag.

Ich sehe heute noch, wo wir im Büro der WeiberWirtschaft während der Vorstandssitzung gesessen haben, in der wir das Genossenschaftsgesetz und die Konkursordnung wälzten.

Und schließlich sind da noch zwei Bilder: der Abakus im – merkwürdigerweise regennassen – Hof, der den Anteilsstand anzeigt, und der übervolle Tagungsbereich, in dem unzählige Frauen egal welcher politischen Couleur begeistert den Regierenden Bürgermeister Eberhard Diepgen empfangen, der die Nachricht von der positiven Förderentscheidung persönlich überbringt.

Ute Schlegelmilch ist ein Jahr später als geplant aus Berlin weggezogen. Sie hat bei der Altlastensanierung wieder die Baubetreuung übernommen. Katja von der Bey hat wie geplant ihre Nachfolge übernommen und ist bis heute Geschäftsführerin. Sie hat später eine Zusatzausbildung als Fundraiserin absolviert. Ich habe mich entschieden, nicht mehr für den Vorstand zu kandidieren, da ich als Selbständige die intensive ehrenamtliche Arbeit nicht mehr gewährleisten konnte. Die WeiberWirtschaft hat mich aber nicht losgelassen. Ich war bis 2012 Aufsichts-ratsvorsitzende.

Die vielen neuen Mitglieder und die Erfahrungen, die wir durch die Eigenkapitalkampagne gewonnen haben, bil-deten den Auftakt für eine weitere mehrjährige Eigen-kapitalkampagne, die zu einer vorzeitigen Tilgung eines Teils unserer Bankkredite führte. Die Verbundenheit un-serer Genossenschafterinnen mit ihrer WeiberWirtschaft ist durch diese Kampagnen gestärkt worden.

Uns alle, die wir damals dabei waren, kann sicherlich so leicht nichts mehr erschüttern. Und wir wissen auch, wie gut der Erfolg „schmeckt", wenn das Risiko hoch und die Erfolgswahrscheinlichkeit gering ist! Auf die Frage, was eine Frau mitbringen muss, wenn sie für den Aufsichts-rat der WeiberWirtschaft eG kandidiert, hat Isabel Rothe einmal augenzwinkernd erklärt: „Gute Nerven und keine Angst vor Millionen!" Aber das war vor der Altlastenkrise.

Einladungskarte für die
Projektpräsentation der
Studierendengruppe

Projektgruppe der Hochschule der Künste Berlin, v.l.n.r.: Christiane Rock, Simone Moeck,
Christina Zech, Matthias Dietzel und Birgit Soy

Eigenanteil-Kampagne zur Altlastensanierung

Fête de la Musique im Hof der WeiberWirtschaft, 1999

1999

Postkartenmotive 1999

2000 Altlastensanierung

Isabel Rothe
Wirtschaftliche WeiberWirtschaft
Die Altlastenkrise Ende der 90er Jahre

Seit 1993 war ich im Aufsichtsrat der WeiberWirtschaft. Gekommen war ich als die Erste, die nicht zu den Gründerinnen der allerersten Stunde gehörte. Damals war die WeiberWirtschaft noch ein Betrieb engagierter Pionierinnen. Gewählt wurde ich von der Generalversammlung auf der Baustelle. Den Aufsichtsrat verlassen habe ich zehn Jahre später, im Jahr 2003, zum Zeitpunkt eines berufsbedingten Ortswechsels. Vor allem aber waren wir damals – die WeiberWirtschaft war längst erwachsen – im Aufsichtsrat davon überzeugt, dass ein schrittweiser Generationenwechsel eingeleitet werden müsse, den wir dann mit großer Ernsthaftigkeit angegangen sind.

Ob unser Aufsichtsrat anders war als die Aufsichtsräte der großen Konzerne, die heute wieder so in Verruf geraten sind? Aber ja. Erstes Indiz: Zum Zeitpunkt des „Projekts Generationswechsel" war ich nicht 70 Jahre alt, sondern 40. Im Aufsichtsrat war ich die Frau aus der Industrie. Das galt weniger nach innen, denn auch so einige meiner Kolleginnen im Aufsichtsrat und vor allem im Vorstand haben die Wirtschaftlichkeitsperspektive kompetent und konsequent wahrgenommen. Im Außenraum aber war sie manchmal wichtig, meine Visitenkarte eines renommierten Berliner Konzerns, der Schering AG, und die wirtschaftsnahe Sprache, die ich, falls erforderlich, sprechen konnte.

Das war insbesondere wichtig in der Altlastenkrise Ende der 90er Jahre, die für die WeiberWirtschaft das Aus hätte bedeuten können. Dass diese Krise stattdessen bewältigt wurde, und – so meine ich – die WeiberWirtschaft damals wesentlich an Professionalität gewonnen hat, ist ein WeiberWirtschaftsWunder. Ein Wunder, das beides brauchte, die Kraft und das Engagement der Frauenbewegung und die Kompetenz der WirtschaftsWeiber. Und eine tolle Geschichte, der ich im Folgenden nachspüren möchte.

Pionierbetrieb WeiberWirtschaft

Wenn ich aus heutiger Sicht das Jahr 1998 beschreibe, das Jahr, in dem die Altlastenkrise heranrollte, dann war dieses eine wichtige und kritische Zwischenphase zwischen dem Pionierbetrieb, an dem ich anfangs mit-

wirken konnte, und der späteren professionellen Genossenschaft. Dabei waren wir auch im Jahr 1998 durchaus nicht unprofessionell und haben vieles richtig gemacht. Aber wir hatten die schwierige Aufgabe, aus dem Glanz und den Heldinnentaten der Gründungsphase einen stabilen Alltag zu entwickeln. Den Alltag eines Hofs von Gründerinnen und Bewohnerinnen mit Betriebskostenabrechnung und Entsorgungsproblemen. Den Alltag eines Eigenbetriebs der WeiberWirtschaft, dem Tagungsbereich, zwischen Besucher_innenbetreuung und Putzdienst. Den Alltag der Gewinnung und Bindung neuer Mieterinnen. Den Alltag einer Genossenschaft, der größten Frauengenossenschaft in Europa, der Eigentümerin des Gründerinnenzentrums, die mehr sein möchte, kann und muss als die Trägergesellschaft einer Vermieterin.

Diesen Alltag mit allen Höhen und Tiefen mussten wir stabilisieren. Vor allem aber hatten wir die schwierige Aufgabe, diesen wichtigen und notwendigen operativen Alltag so auszugestalten, dass die Zukunft der Weiber-Wirtschaft und vor allem deren wirtschaftliche Voraussetzungen nicht gefährdet würde.

Dabei waren die Rahmenbedingungen für eine wirtschaftliche WeiberWirtschaft objektiv sehr schwierig. Berlin Ende der 90er war geprägt durch ein Überangebot an Gewerbeimmobilien, eine Folge des Kauf- und Investitionsbooms Anfang der 90er. Waren die Immobilienpreise Anfang der 90er – auch wir hatten damals gekauft – noch sehr hoch gewesen, so rutschten sie jetzt in den Keller. Gewerbeimmobilien standen leer, die Mietpreise waren auf historischem Tiefstand.

Was manchem Baulöwen damals Husten bereitete, die Lücke zwischen hohen Finanzierungskosten und niedrigen Mieteinnahmen, war für unsere kleine WeiberWirtschaft eine schwere Lungenentzündung. Denn wir waren zwar sehr erfolgreich, einerseits: als größte Frauengenossenschaft Europas mit vielen Mitgliedsfrauen, einer sehr guten Presse und inzwischen internationaler Reputation. Mit 220 im Gründerinnenzentrum entstandenen Arbeitsplätzen. Mit einer hervorragenden Auslastung von 85 % der Flächen.

Andererseits verfügten wir als junge von Initiative und Engagement getragene Frauengenossenschaft nur über wenig Eigenkapital und hatten sehr geringe Liquiditäts-reserven. Es ging, aber nur gerade eben. Es durfte nichts schief gehen, keine Einnahmenverluste, keine unvorher-gesehen Ausgaben, bloß keine Neubewertung des Immo-bilienvermögens.

Die Aufsichtsratsprotokolle der damaligen Jahre sprechen eine sehr klare Sprache. Hier ging es immer um die Idee, das Engagement, um das, was uns im Innersten zusam-menhält. Aber es ging auch und ständig um Geld, Geld, Geld. Money makes the world go round: Es ging immer um die Frage der Handhabung unserer Finanzierung, der Fördermittel der Senatsverwaltungen sowie der Banken. Es ging stets um die Drosselung unserer Verwaltungsaus-gaben. Es ging um die Möglichkeiten, durch neue Genos-senschaftsmitglieder oder Anteilsaufstockung das Eigen-kapital zu erhöhen. Es ging um zusätzliche Einnahmen, wie beispielsweise aus dem Tagungsbereich.

Besonders belastet und ständig beschäftigt hat uns aber die Frage der Mieteinnahmen. Der zentrale Konflikt in unserem jungen Gründerinnenzentrum war die Frage, mit welcher Konsequenz wir Mietausfälle handhabten, die häufig auf wirtschaftliche Probleme der Gründerinnen zurückzuführen waren. Ab welchem Punkt unter welchen Rahmenbedingungen wäre der Vorstand bereit und in der Lage, die letzte Konsequenz der Räumung zu ergreifen? Wie war dies mit der Kultur der Genossenschaft zu verein-baren? Wie konnten wir vermitteln, dass ein konsequen-tes Eintreiben der Miete unabdingbar ist, wenn wir nicht am Ende die wirtschaftliche Substanz und damit das Ei-gentum der Genossenschaft gefährden wollten?

Ob unser Aufsichtsrat anders war als die Aufsichtsräte der großen Konzerne? Ja, das war er, denn wir fühlten und verstanden uns als Teil der Bewegung und dies galt ganz besonders für meine Kolleginnen der allererste Stunde, die mit sehr persönlichem Engagement mit Mieterinnen und Anteilseignerinnen eng verbunden waren. Wir wa-ren ganz sicher anders, denn niemand hätte uns ernst-haft ein persönliches Profitinteresse unterstellen können – sogar die Brötchen für unsere abendlichen Sitzungen zahlten wir selber.

Trotzdem wurden wir – als Wächterinnen der Wirt-schaftlichkeit – nicht geschont, was manchmal kränkend sein konnte. Auch Aufsichtsrat und Vorstand der Weiber-Wirtschaft wurden – genauso wie andere Leitungsgremi-en – sehr gern als „die da oben" bezeichnet, wenn wir im Rahmen unserer Bemühungen nach wirtschaftlicher Stabilisierung die Interessen anderer berührten. Dieses galt natürlich insbesondere bei den zentralen Konflikten, wie beispielweise um die Mieteinnahmen.

Wir haben mit der Zeit gelernt, das „die da oben" als unvermeidbare Begleiterscheinung unserer Rollenwahr-

nehmung auszuhalten, ohne uns deswegen abzuschotten oder abzuwenden. Eine Lektion für mein (Berufs-)Leben.

Die Altlastenkrise 1998/1999

In dieser schwierigen Gesamtsituation spitzte sich die Lage dramatisch zu. Im Sommer 1998 war zunächst in einzelnen Mieteinheiten eine Geruchsbelästigung festge-stellt worden. In mehreren Analyseschritten stellte sich schlussendlich heraus, dass diese auf eine Teerpappe in den Zwischengeschossen zurückzuführen war, die Naph-talin (bekannt durch die Mottenkugeln) enthielt und die durch die – ökologisch korrekte – fehlende Versiegelung der Böden über die Zeit abdampfte. Betroffen waren mit 2.400 qm rund 40 % unserer Gewerbeflächen.

Auch wenn die Fachleute eine unmittelbare Gefähr-dung von Menschen als wenig wahrscheinlich einschätz-ten, waren sofortige Konsequenzen nicht vermeidbar. Mieterinnen aus den besonders betroffenen Bereichen verließen die WeiberWirtschaft oder wurden umgesetzt. Die Attraktivität der Immobilie war in wenigen Wochen auch außenwirksam durch kritische Presseberichte be-schädigt.

Wir stoppten die Neuvermietung und konnten eine baldige Umsiedlung aufgrund notwendiger Sanierungs-maßnahmen nicht mehr ausschließen. Ein Konzept für eine grundlegende Sanierung wurde in Auftrag gegeben, der Kampf um die Finanzierung begann. Dabei wussten wir, dass diese gewaltige Hürde sehr schnell genommen werden musste oder nicht zu bewältigen wäre. Es war nur eine Frage der Zeit – nicht von Jahren, sondern von Monaten –, bis wir durch die entstehenden zusätzlichen Mietausfälle in die Zahlungsunfähigkeit rutschen würden. Bereits deutlich vorher, wenn die Zahlungsunfähigkeit absehbar wäre, müsste der Aufsichtsrat den Vorstand an-weisen, Insolvenz anzumelden.

Das Ergebnis des Gutachtens sprach für eine umfassen-de Sanierung aller betroffenen Flächen mit einem Bau-volumen von ca. 3 Mio. DM. Zunehmende Presseberichte („Gift in der WeiberWirtschaft") und eine – ich muss sa-gen bösartige – Gerüchtelage auf dem Hof (der Vorstand habe das Altlastenproblem schon immer gekannt, aber bewusst verschwiegen ...) gingen an die Nerven. Die ers-ten Sondierungsgespräche mit den Senatsverwaltungen für Bau und Wirtschaft hinsichtlich Finanzierungsmög-lichkeiten waren geführt, im Ergebnis eine Lösung kei-nesfalls sichtbar.

Insbesondere der Wirtschaftssenat stellte infrage, ob wir in der Lage seien, die WeiberWirtschaft stabil und wirt-schaftlich zu führen. Ob wir sofort wiederkämen, wenn uns nach einem Sturm ein Dachziegel vom Dach fiele, wurden wir gefragt. Wieder, wieder und wieder wurde unser Wirtschaftskonzept auf den Prüfstand gestellt. Ohne unsere Einbindung prüfte die Senatsverwaltung für Wirtschaft die Option einer Übertragung der WeiberWirtschaft auf eine landeseigene Betreibergesellschaft. „Feindliche Übernahme" heißt das in unseren internen Protokollen. Das hat uns sehr getroffen. Das hat uns (wenn wir unter uns waren) auch verunsichert. Das hat uns provoziert. Auch aktiviert. Insbesondere in unserem Selbstverständnis als Vertreterinnen der Eigentümerinnen. Heute glaube ich, dass der Zweifel der Senatsverwaltung an der Zukunftsfähigkeit der WeiberWirtschaft ein sehr ernsthafter war. Und ich bin sicher, dass sie sehr froh ist, dass sie nicht recht behalten hat.

Der Turn-Around

Die Turbulenzen, die uns damals erfasst haben, beinhalteten eigentlich alle Dimensionen, die ich in komplexen Business-Situationen später noch mehrfach erlebt habe: die Gefahr einer Insolvenz oder (feindlichen) Übernahme, das Rennen gegen die Zeit, der Kampf um die Finanzierung und die gefährlichen Stimmungsschwankungen innerhalb und außerhalb der Organisation.

Ich habe solche Situationen gelingen sehen – und auch dramatisch scheitern. Aus meiner heutigen Sicht würde ich sagen, dass drei Dinge unabdingbar sind, damit solch eine Krisensituation bewältigt werden kann: ein überzeugendes (Geschäfts-)Konzept für die Krise und weit darüber hinaus; ein Team, das dieses Konzept glaubwürdig und integer vertreten und das Umfeld gewinnen kann; und zum Dritten: eine große Portion Glück!

Was dann im Rückblick prima aussieht, ist aber – so auch in unserem Fall – unterwegs ein heftiges Auf und Ab. Ich selber habe immer mal wieder nicht daran geglaubt, dass wir es schaffen, und anderen ging es ähnlich. Es gab heroische Momente – und es gab Einbrüche. Euphorie und Depression, Mut und Verzweiflung.

Als die Nacht am tiefsten war, sind Vorstand und Aufsichtsrat sehr intensiv und in hoher Frequenz in Klausur gegangen und haben alle Kernfragen immer wieder gestellt. Können wir vor dem Hintergrund der insgesamt schwierigen Rahmenbedingungen über die Krise hinaus langfristig erfolgreich wirtschaften? Was müssen wir dafür tun? Welche Chancen liegen möglicherweise sogar in der Zäsur, die eine mögliche Sanierung zwangsläufig bedeuten würde? Und wie kriegen wir die Altlastenkrise selber in den Griff? Wen können wir wie aktivieren, um die Finanzierung zu sichern? Welches sind die Ausstiegsszenarien, was müssen wir tun und was ist, wenn es ganz schlimm kommt?

Wir haben dabei Außensicht hereingeholt, indem wir die uns zugänglichen Beratungskompetenzen aktiviert und für eine kritische Überprüfung unserer Überlegungen genutzt haben.

Und wir sind gleichzeitig rausgegangen und haben verhandelt, verhandelt und verhandelt. Mit den Senatsverwaltungen und den Banken. Mit den Mieterinnen, mit den Genossenschafterinnen. Mit allen relevanten Gruppen, mit allen Interessensvertreter_innen. Den formellen und informellen Freund_innen.

Wir waren eigentlich alle überall, jede nach ihren Fähigkeiten und ohne gegenseitige Eitelkeiten. Auch ich war viel auf der Piste, insbesondere wenn es um das Geschäftliche ging, und habe zumeist an der Seite des Vorstands die Frau aus der freien Wirtschaft gegeben.

Die witzigste Szene, die ich in diesem Zusammenhang in Erinnerung habe, war der Wahlkampfauftritt des Regierenden Bürgermeisters Eberhard Diepgen, der sich mit den Berliner CDU-Frauen zum Fotoshooting in der WeiberWirtschaft traf. Kann er gern machen, sagten wir dem Büro des Regierenden, wir möchten aber mit ihm sprechen, wenn er schon mal da ist, schließlich stünden wir ja gerade in wichtigen Gesprächen mit den Senatsverwaltungen. Frechheit siegt und es war ein prima Gespräch. Ob es uns genützt hat? Geschadet hat es sicher nicht. Gute Presse hatten wir allemal, diesmal sogar in der FAZ.

Im Frühjahr 1999 zeichnete sich eine Gesamtkonstellation ab, die die Bewältigung der Krise bedeuten könnte: Die DSL Bank hatte nach mehreren Verhandlungsrunden mit dem Vorstand einer Zinssenkung für unseren Hauptkredit zugestimmt, die die WeiberWirtschaft um 160.000 DM p.a. entlasten würde, ein Pfund auch für die Zukunft. Auch vor diesem Hintergrund haben die Senatsverwaltungen sich schlussendlich auf ein Förderpaket geeinigt. Dieses beinhaltete jedoch eine enorme Anforderung an unsere eigenen Aktivierungskräfte: 20 % Eigenanteil an der Bausumme, sprich 400.000 DM, und das möglichst schnell. Denn die Zeit lief nach wie vor gegen uns.

Wie sind wir mit diesem Paket umgegangen? In dieser Hinsicht war unser Aufsichtsrat ein vorbildlicher Aufsichtsrat. Wir haben es uns sehr schwer gemacht. Wieder und wieder haben wir abgewogen. Ob eine Kampagne gelingen könnte – dies schätzten wir als sehr anspruchsvoll ein, aber wir haben es uns, und vor allem der Genossenschaft und der Frauenbewegung, doch zugetraut. Vor allem haben wir abgewogen, ob eine Kampagne zu verantworten wäre.

Was wäre, würden wir 400.000 DM Eigenkapital einwerben, die Sanierung erfolgreich durchführen, könnten aber dann in den Folgejahren die WeiberWirtschaft nicht wirtschaftlich führen? Ausgeschlossen, war unsere Auffassung, das wäre nicht zu verantworten. Insofern war die Frage nach einer möglichen wirtschaftlichen Zukunft der WeiberWirtschaft eine zentrale, und ihre Beantwortung erlaubte keinen Aufschub. Wir haben die Frage schlussendlich und rechtzeitig mit Ja beantwortet.

Die Kampagne

Wesentlicher Kristallisationspunkt für den Start der Kampagne war die außerordentliche Generalversammlung im Mai 1999. Wahrscheinlich ist dies bis heute die kritischste und wichtigste Generalversammlung der WeiberWirtschaft. Denn wäre der Funke nicht übergesprungen, hätten wir wohl weder die Kraft noch die notwendige Unterstützung gehabt, um die vor uns liegende Herausforderung zu bewältigen.

Wie man in der Krise angemessen kommuniziert, sodass ein Funke überspringen kann? Wir waren gar nicht schlecht und schlussendlich erfolgreich. Aber es war eine schwierige Gratwanderung zwischen der Botschaft, dass die Krise sehr, sehr ernst ist und jede von uns braucht, und dass sie gleichzeitig zu bewältigen sei, sich das persönliche Engagement also lohnen würde. Und das auch vor dem Hintergrund der bereits seit Jahren angespannten finanziellen Lage der WeiberWirtschaft und der dementsprechend bereits verbrauchten Solidaritätsappelle.

Im Nachhinein möchte ich sagen, dass wir es auch handwerklich ganz gut gemacht haben: kontinuierlich vorab über die Rundbriefe kommuniziert, hohe Transparenz, viel Sachlichkeit und angemessene emotionale Botschaften. Ich bin aber ganz sicher, dass dies allein niemals gereicht hätte. Zwei Dinge waren noch wichtiger: Wir waren überzeugend, weil wir durch eigene harte Arbeit wirklich persönlich überzeugt waren. Und die Frauen in diesem Raum, unsere Community, unsere Genossenschaft, waren und sind besonders: Weil wir gemeinsam an etwas glaub(t)en und etwas bewegen woll(t)en.

Ende Juni startete mit der Fête de la Musique unsere WeiberWirtschaftsWunderWoche. Eine unglaubliche Woche voller Veranstaltungen, Diskussionsrunden, Presseaktivitäten und Marketingaktionen. Im Hof stand ein riesiger Abakus, der den jeweiligen Stand der neu eingeworbenen Anteile zeigte. Vorstand, Büroteam und Aufsichtsrat führten ein Telefoncamp durch, in dem systematisch alle Genossenschaftsfrauen kontaktiert und um Unterstützung gebeten wurden. In einem WeiberWirtschafts-Rundbrief schreibt das Büroteam, es sei „ein wenig verunsichert" gewesen, weil irgendwann gar nicht mehr feststellbar gewesen sei, wer wen über welche Netzwerke aktiviert habe. Eine echte Kampagne.

500 Frauen, davon die Hälfte neue Mitglieder der Genossenschaft, haben 2.000 Anteile im Wert von insgesamt 400.000 DM gezeichnet. Das Eigenkapital der Genossenschaft war in kurzer Zeit um über 30 % gestiegen. Am 24. September 1999 veranstalteten wir eine gut besuchte Pressekonferenz und einen Empfang. Mit Berliner Prominenz bis hin zum Regierenden Bürgermeister und mit überregionaler Berichterstattung. Die Finanzierung war gesichert, die Sanierung konnte losgehen. Die Zukunft der WeiberWirtschaft hatte (wieder) begonnen!

Ausblick:
Wirtschaftliche WeiberWirtschaft

Wenn ich an diese Zeit zurückdenke, dann finde ich es noch immer phänomenal, wie sich ein durch die Finanzierungskampagne erschöpftes Vorstands- und Büroteam in die Sanierungsphase gestürzt hat. Die erforderlichen Koordinationsarbeiten, die Umzüge, die Bauabrechnung und vor allem die Kampagne zur Wiedervermietung wurden mit hoher Professionalität durchgezogen.

Viele Fehler der Erstsanierung wurden nicht wiederholt. Insbesondere aber ist es damals gelungen, durch eine andere, eine selbstbewusstere und systematischere Bewerbung, die Mieterinnenstruktur positiv zu entwickeln. Etwas weniger Initiativbetriebe, etwas mehr Business-Ladies, etwas mehr Mischung auf dem Hof. Eine gute Substanz für die Zukunft.

Was sich damals nachhaltig geändert hat? Alle Beteiligten haben unendlich viel gelernt, ich selbst eingeschlossen. Neben dem Aufbau von Expertise und Wissen ist es die Erfahrung einer bewältigten Krise, die besonders wichtig ist. Etwas, was ich jeder gönne: dabei zu sein, wenn man gemeinsam etwas Wichtiges bewegen kann, und erfahren, dass immer was geht, wenn man allen Mut und alle Kompetenzen und Fähigkeiten gemeinsam in die Waagschale wirft.

Auch die Organisation hat viel gelernt. Abläufe und Prozedere, Wirtschaftswissen, Verhaltensweisen. Meines Erachtens das Wichtigste: Die Organisation hat es rechtzeitig verstanden, sich in angemessener Weise auszudifferenzieren, in die unterschiedlichen Rollen der Genossenschaft, der Eigentümerinnen, des Managements, des Aufsichtsrats, der Mieterinnen. Diese unterschiedlichen Rollen wahrzunehmen, Interessensgegensätze wo notwendig zu bearbeiten und dadurch das Gemeinsame zu ermöglichen. Die Basis ist dadurch breiter und tragfähiger geworden.

Die Organisation kennt heute ihre Treiber besser, was sie stark macht, ihre ganz besonderen Rezepte für den Erfolg. Sie hat sich professionalisiert, ohne dabei ihre Seele zu verlieren. Mit dieser einzigartigen Komposition aus Frauenbewegung und WirtschaftsWeibern. Unsere WeiberWirtschaft eben.

Foto: Konscha Schostak

Konscha Schostak, Kopie des Apoll von Gaspard Adam le jeune im Park von Sanssouci.
Diese Marmorkopie entstand 2002–2004 im Atelier der Künstlerin in der WeiberWirtschaft.

Sabine Nehls
So fangen Märchen an
Meine WeiberWirtschaft – eine sehr persönliche Schilderung
einer Verbundenheit auf Distanz

Es geschieht Mitte der 80er Jahre des vergangenen Jahrhunderts im Arbeitsstab der 1. Frauenbeauftragten des Senats von Berlin, dem ich als Referentin angehöre. Die Studie „Voraussetzungen, Schwierigkeiten und Barrieren bei Existenzgründungen von Frauen" von Dorothea Assig, Claudia Gather und Sabine Hübner erregt Aufmerksamkeit, macht neugierig und löst, wie seinerzeit üblich, reflexartig Zweifel an der Umsetzbarkeit aus. Dennoch fasziniert mich die Möglichkeit des Zusammenarbeitens und -lebens von Existenzgründerinnen und Unternehmerinnen und lässt mich von Stund an nicht mehr los.

Ich nehme die Idee mit nach Niedersachsen, wo ich Anfang 1987 als stellvertretende Frauenbeauftragte in die Staatskanzlei nach Hannover berufen werde. Angesichts eines frauenpolitisch völlig unbeackerten Feldes muss aber eine derartige „revolutionäre" Vision weit zurückgestellt werden und erst einmal Kärrnerarbeit mit sehr reduzierten Zielen, wie z. B. Bildungsangebote für Frauen ab 60 (!), Vereinbarkeit von Beruf und Familie und Unterstützung von Mädchen in technischen Berufen, geleistet werden. In Berlin war ich es durch meine Arbeit in der sogenannten institutionellen Frauenpolitik gewohnt, mich mit den vielen Initiativen der lebhaften Frauenszene auseinanderzusetzen. Wir waren immer gefordert bzw. herausgefordert, die vielfältigen Aktivitäten der außerparlamentarischen Frauenbewegung dem Verwaltungshandeln anzupassen. Welch ein Kontrast erwartet mich 1986/87 in Niedersachsen. Ein Kollege empfängt mich mit den Worten „Machen Sie mir die niedersächsischen Frauen nicht verrückt." Ein Landrat begrüßt mich bei einem Besuch seines Landkreises mit „Meine Frau braucht Sie nicht." Ich gelte als politisch linke Berlinerin und eher als Störfaktor.

Auch eine autonome Frauenbewegung ist nicht vorhanden. Es gibt keinen Druck von außen. Schon bald habe ich eine Sandwichposition und muss sowohl nach oben in die Politik als auch nach unten in die Frauenorganisationen wirken. Als stellvertretende Leiterin der Stabsstelle der Frauenbeauftragten muss ich eine eigene Programmatik entwickeln und versuchen über Kontakte zu traditionellen Frauenorganisationen – z. B. Landfrauen, Hausfrauenverbänden und Akademikerinnenbund – erste zarte Pflänzchen einer Frauenpolitik zu setzen.

In den Jahren 1987 bis 1991 beobachte ich dennoch immer wieder voller Interesse den Werdegang des Gründerinnenzentrums in Berlin mit der Vereinsgründung und der Bildung eines Arbeitsstabes. Der eigentliche Durchbruch mit Genossenschaftsgründung und Grundstückskauf in den Jahren 1991/92 begeistert mich dann und ich erwerbe 1992 meinen ersten Anteil als Genossenschafterin.

Aber auch in Niedersachsen gibt es ab 1990 eine Zeitenwende. Das niedersächsische Frauenministerium unter der grünen Ministerin Waltraud Schoppe wird gegründet und Frauenpolitik damit erstmals in Niedersachsen institutionalisiert. Als stellvertretende Abteilungsleiterin im Frauenministerium habe ich einen neuen, deutlich höheren Status und das erleichtert meine Arbeit. Nun ist Kreativität gefragt, denn die rot-grüne Landesregierung steht auch in frauenpolitischen Fragen unter Erfolgszwang.

Jetzt können u.a. die ökonomische Selbständigkeit und die Existenzgründung von Frauen thematisiert werden. In verschiedenen Veröffentlichungen über die Wirtschaftskraft des Bundeslandes Niedersachsen in den 90er Jahren wird auf eine Gründungsschwäche hingewiesen, die auf einer mangelnden Erneuerung des Betriebsbestandes basiert. Hier ergibt sich die Chance, auf den Mut und den Einfallsreichtum von Frauen zu setzen.

Im vorwiegend ländlich geprägten Flächenland Niedersachsen ist ebenfalls die Frauenpolitik in Bewegung geraten: Kommunale Frauenbeauftragte finden regionale Arbeitsgebiete und es sind vor allem die Frauen im ländlichen Raum, die wirtschaftliche Autonomie und Absatzmärkte für ihre landwirtschaftlichen Produkte suchen. Der Beginn der Bio-Welle ist sehr hilfreich.

Als Fachreferentin finde ich an der später wechselnden Spitze des Frauenministeriums immer eine große Offenheit für das Thema Existenzgründung von Frauen. Zeitgleich beobachte ich den stürmischen Werdegang der WeiberWirtschaft in Berlin. Ich besuche regelmäßig die jährlichen Generalversammlungen, zeichne trotz einiger tiefer Wellentäler weitere Genossenschaftsanteile und leide mit, als 1999 die erneute Sanierung ansteht. Mein Glaube an den Erfolg ist nicht zu erschüttern und überträgt sich auf meinen beruflichen Alltag in Hannover.

Hier muss ich einen deutlich behutsameren Gang wählen. Ende 1993 lädt das Frauenministerium zu einem Kolloquium ein, auf dem Claudia Neusüß die Intentionen der WeiberWirtschaft erläutert. Der Mut der Berlinerinnen wird zwar bewundert, aber mit norddeutscher Zurückhaltung aufgenommen. Dennoch kann im Juni 1994 nach vielen Reisen in den ländlichen Raum und schwieriger Überzeugungsarbeit zu einem Treffen potenzieller Gründerinnen eingeladen werden. Im Laufe der nächsten fünf Jahre entwickeln sich entsprechende Programme, die, ich kann und will es nicht leugnen, auf den Ideen der WeiberWirtschaft basieren:

„Die niedersächsische Landesregierung fährt bei der Förderung von Existenzgründungen von Frauen seit langem mit gutem Erfolg zweigleisig. Auf der einen Schiene werden durch das Darlehensprogramm für Existenzgründerinnen Frauen individuell gefördert. Auf der zweiten Schiene wird die einzelne Existenzgründerin durch die Schaffung von Unternehmerinnen-Zentren unterstützt. Durch den Zusammenschluss mehrerer, verschiedener Unternehmerinnen in einem Zentrum wird die Isolation eines Kleinbetriebes aufgehoben. Die Start- und Aufbaubedingungen werden erleichtert." (Zitat aus dem Vorwort der Broschüre „Unternehmerinnen-Zentren in Niedersachsen – Initiativen und Umsetzung, 1999).

Fazit für Niedersachsen – Das Unternehmerinnenzentrum Hannover hat Bestand

Es entstehen zeitweise mehrere Gründerinnen- und Unternehmerinnenzentren in Niedersachsen. Die meisten sind aber zu klein, um wirtschaftlich überleben zu können. Und die lokalen Initiativen sind im Vergleich zur WeiberWirtschaft zu mutlos und zu wenig risikobereit, sie trauen sich nicht, es richtig groß aufzuziehen. Nur das Unternehmerinnenzentrum in Hannover existiert bis heute mit gutem Erfolg, denn in der Landeshauptstadt gab und gibt es mehr wirtschaftliche Potenz und inzwischen eine langjährige Zusammenarbeit mit der regionalen Wirtschaftsförderung.

Im Sommer 2000 verlasse ich Niedersachsen, um in Berlin in den „Unruhestand" zu gehen. Nach der Weite Niedersachsens, in der manche gesellschaftspolitische Aufgeregtheit einfach ins „Leere" läuft, nimmt mich die quirlige, leicht hyperventilierende Stadtstaat-Szenerie gefangen. Jetzt ist die räumlich-geografische Distanz zur WeiberWirtschaft überwunden und ich freue mich, in den Aufsichtsrat der WeiberWirtschaft gewählt zu werden.

Wer oder was bin ich in diesem Gremium sehr selbstbewusster, sehr kritischer, sehr empfindlicher junger Frauen? Die Alte mit der nervenden Lebenserfahrung, die „Reingeschmeckte" aus dem öffentlichen Dienst, die Bremserin zu hoher Erwartungen an Verwaltung und Politik?

Mein eigenes Empfinden zeigt mir eine gewisse Distanz zu den jungen Macherinnen, deren Unwillen über bürokratische Hürden im Außengeschäft der WeiberWirtschaft sehr schnell auflodert. Im Binnenklima scheint mir, die ich zeitlebens eine Gratwanderung zwischen familienbedingter Bürgerlichkeit und frauenpolitischem Engagement vollführe, die klare feministische Kante zu fehlen. Ich spüre, dass wir ein wenig fremdeln. Die durchweg glänzend, akademisch ausgebildeten Frauen, denen mein autodidaktischer Lebenslauf entgegensteht, verblüfften mich mit ihrer unnachgiebigen Zielstrebigkeit. Wie oft habe ich nach den gemeinsamen Sitzungen von Vorstand und Aufsichtsrat unruhige Nächte. Heute sehe ich diese Fähigkeit, hochfahrende Pläne zu haben und sie größtenteils umzusetzen, als eine wichtige Basis des Erfolges der WeiberWirtschaft.

Mein Blick von außen, meine Erfahrungen mit durchaus sinnvollen bürokratischen Abläufen können in den Gremien der WeiberWirtschaft die notwendige Prise Pragmatismus einstreuen. Im Umgang mit Steuergeldern ist eine Risikobereitschaft zwangsläufig begrenzt. Die Akzeptanz eines Projektes innerhalb der Behörden benötigt Solidität und Kompromisse. Mit meinen Erfahrungen werde ich zum „Scharnier" zwischen der WeiberWirtschaft und den öffentlichen Institutionen.

Auch hier kann eine positive Bilanz gezogen werden: Die WeiberWirtschaft ist eine zuverlässige Partnerin der Behörden, und Verwaltung und Politik sind wohlwollende Begleiter geworden. Im Laufe der Jahre ist dem Wunschdenken, das am Anfang unbedingt notwendig war, eine gesunde Professionalität gewichen. Diese Entwicklung kann meiner Meinung nach allgemein auf die Frauenpolitik übertragen werden.

2006 trete ich aus dem Aufsichtsrat der WeiberWirtschaft aus und widme mich sieben Jahre lang bis Ende 2013 als ehrenamtlicher Vorstand des WeiberWirtschaft e. V. dem Aufbau der „Tochterorganisation" Gründerinnenzentrale.

Zu den jährlichen Generalversammlungen und hoffentlich noch so manch anderem Anlass werde ich aber weiterhin gern in die WeiberWirtschaft kommen.

Tausend Ideen und trotzdem Kurs gehalten
Claudia Neusüß im Gespräch mit Nadja Bartsch und Andrea Schirmacher

Ein Gespräch der ehemaligen Vorstandsfrau und Mitgründerin Claudia Neusüß (CN) mit den amtierenden Vorstandsmitgliedern der WeiberWirtschaft Nadja Bartsch (NB) und Andrea Schirmacher (AS) am 27. Oktober 2011.

CN: Viele kollektiv organisierte alternative Betriebe haben sich in den 80er Jahren schwer getan, zu tragfähigen Entscheidungen zu kommen. Flache Hierarchien, tausend Ideen, Zielkonkurrenzen und dazu oftmals riesige Erwartungen und Ansprüche der Mitglieder. Das hat nicht selten zu Überforderungen geführt und dazu beigetragen, dass die Betriebe scheiterten oder sich „konventioneller" reorganisiert haben. Was war/ist bei der WeiberWirtschaft anders gelaufen? Wieso konnte die WeiberWirtschaft Kurs halten? Wusste die WeiberWirtschaft, was ihr „Kerngeschäft" ist?

NB: Ein wesentlicher Fokus des Handelns der WeiberWirtschaft ist durch die Konzentration auf das Haus gelungen. Vor dem Hauskauf schwebten viele Visionen in den Köpfen. Ich selber bin erst 1997 dazugestoßen. Mit dem Hauskauf, der Instandsetzung und der sukzessiven Vermietung nahm das ganz konkrete Formen an. Diese Konkretheit unterscheidet uns von manch anderem Projekt.

AS: Das Haus bedingt auch, dass wir beständig gucken müssen, dass wir alles bezahlen können. Die Finanzen in den Griff zu bekommen, hat Vorrang, daran müssen sich alle Entscheidungen messen lassen. Wir müssen uns ständig mit Finanzierungsfragen beschäftigen, weil sonst alles nichts wäre. Das hat Priorität, das diszipliniert uns beständig.

CN: Dank sei dem Haus und den Finanzierungszwängen!? Auf dem Haus lasten immer noch große Verpflichtungen. Es bestehen erhebliche Zins- und Tilgungspflichten gegenüber den Banken. Gehört das Haus nicht eigentlich der Bank? Und: Was wäre, wenn die Genossenschaft ein schuldenfreies Haus hätte?

NB: Wir haben jetzt schon volles Eigentum an dem Haus, es liegen nur Kredite drauf. Damit haben wir ein Korsett an, das uns zwingt immer zahlungsfähig zu sein. So sind wir ganz nah an der Realität: Eigentum, komplette Ver-

antwortung für den Komplex und Verpflichtungen der Bank gegenüber. Wenn wir an dem Tag ankommen, an dem wir schuldenfrei sind, dann haben wir finanziellen Spielraum. Dann würde alles noch etwas bunter werden.

AS: Bis dahin sind über einen langen Zeitraum schon bestimmte Dinge eingeübt, die auch das Selbstverständnis einer Organisation prägen. In zehn Jahren können wir zielgerichteter Dinge tun, über die wir während der ganzen Zeit bereits nachgedacht haben. Jetzt kann man bestimmte Dinge zwar denken, aber noch nicht machen.

CN: Über der Genossenschaft schwebte immer die Gefahr, das Haus an einen anderen Träger zu verlieren, wenn sie ihren finanziellen Pflichten nicht nachkommen kann. Oder im schlimmsten Fall sogar das Vorhaben insgesamt, einen attraktiven Ort für Frauenunternehmen zu schaffen, ganz aufgeben zu müssen. Was hat dieses mögliche Szenario bei Euch als Vorstandsfrauen bewirkt?

NB: Dieses Haus ist die Verkörperung unserer Idee; es zu bewahren, den Banken gegenüber gerecht zu werden, das nimmt einen wesentlichen Stellenwert ein. Ohne das Haus wäre die WeiberWirtschaft eG – wie die Ökobank eG ohne Bankgeschäft – eine andere Organisation. Das Haus ist das zentrale Symbol. Über das Haus sind zudem viele Mitstreiterinnen gefunden worden!

CN: Stichwort Mitstreiterinnen und lebendige Genossenschaft: Die WeiberWirtschaft eG ist ja nicht statisch geblieben. Die Genossenschaft hat weitere Geschäfts- bzw. Aktivitätsfelder entwickelt, wie z. B. den Ausbau des Tagungsbereichs, Engagement bei politischen Kampagnen, Aufbau und Finanzierung der Gründerinnenzentrale. Das kostet(e) immer Ressourcen. Auf welcher Grundlage trefft Ihr Eure Entscheidungen und bleibt entscheidungsfähig? Wie wägt Ihr ab zwischen der Aufnahme von neuen Ideen und der Abgrenzung?

AS: Wir haben vor einigen Jahren zusammen mit dem Aufsichtsrat einen Zielbaum aus der Satzung entwickelt. Wir haben versucht den Satzungszweck auf einzelne Arbeitsbereiche herunterzubrechen. Das hat es in der Rückschau ganz einfach für mich gemacht. Ich konnte gucken:

Ist das eigentlich ein Ziel, passt das in einen dieser Stränge oder passt es nicht rein? Das hilft mir auch bei der Einschätzung der Wichtigkeit von Projekten.

Es gibt drei Planungsperspektiven: Den Satzungszweck professionell und zielgerichtet zu erfüllen und die Wirtschaftlichkeit zu erhöhen, Risiken für die WeiberWirtschaft zu minimieren und die Information, Vernetzung und Beteiligung von unseren Genossenschafterinnen auszubauen.

Für jede Perspektive haben wir konkretere Unterziele formuliert und mit einzelnen Arbeitsbereichen unterlegt. Z. B. für das Gründerinnenzentrum: Wir haben geguckt, ob wir noch Räume verkleinern können, weil der Bedarf an kleinen Büros nach wie vor sehr groß ist. Der strategische Prozess der Entwicklung des Zielbaums ist in den Gremien Vorstand und Aufsichtsrat durchgeführt und auch bei der Generalversammlung mit allen dort teilnehmenden Genossenschafterinnen beschlossen worden. Die Jahresplanung des Vorstands orientiert sich ebenfalls an diesem Zielbaum.

NB: Der Zielbaum war Antwort auf die hohen Ansprüche von allen Seiten. Wir nutzen ihn, um sortieren zu können: Was müssen wir, dürfen wir, was machen wir gar nicht? Kontinuierliche Tätigkeiten sind ebenfalls darin benannt, nicht nur Neues. Alle Aktivitäten werden beim Namen genannt und honoriert. Bewährtes muss gepflegt werden. Ich habe vor meiner Vorstandstätigkeit knapp sechs Jahre in der Genossenschaftsverwaltung gearbeitet und habe mich bemüht, ehemalige Mitarbeiterinnen und deren Tätigkeiten zu erfassen. Ich hatte das Gefühl, das manches angefangen wurde und dann in der Versenkung gelandet ist. Das ist schade, denn die Dinge, die begonnen wurden, hatten meist auch einen Wert. Für mich ist der Zielbaum eine Erleichterung: zu wissen, worauf wir aufbauen können, was wir machen, was nicht, und dies dann auch kommunizieren zu können.

CN: Mit Blick auf die Finanzen haben wir uns im Gründungsvorstand oftmals gefragt: Ist es ein interessanter Nebeneffekt der schwierigen finanziellen Situation, dass sie uns besonders diszipliniert hat? Da waren die hohen Zinsen für die Kredite – es gibt den alten Spruch: Das ist schmerzhaft, aber wenn man es in Hochzinsphasen schafft, dann ist man unkaputtbar. Die schwierige Phase der Altlastensanierung, durch die der Vorstand navigiert hat. Ist es auch eine „Sortierungshilfe", wenn man mit dem (finanziellen) Überleben beschäftigt ist?

AS: Der Entschluss, in einer Hochzinsphase zu gründen, war auch eine Haltungsfrage. Inhalt und Ziel hatten eben Priorität. Die Umsetzung musste dem folgen, egal wie, unter allen Umständen. Wir warten jetzt nicht noch fünf

Jahre, weil dann die Zinsen niedriger sind und die Situation günstiger …

NB: Bei allen finanziellen Entscheidungen muss die Zeit reif sein. Man ist nicht gut beraten, wenn man nur agiert, weil irgendetwas gerade günstig ist.

CN: An die Zeit erinnere ich mich sehr gut. Da war auch so etwas wie ein unternehmerisches Momentum. Bei der allerersten Bewerbung haben wir ja alle nicht mehr geschlafen, weil wir gedacht haben: Wenn wir das Gebäude kriegen sollten, wie sollen wir das schaffen?

Jeder Prozessschritt hat auch qualifikatorische Schritte mit Blick auf Wissen und Erfahrung mit sich gebracht. Die Haltung ist gereift und selbstbewusster geworden. Wir hatten derartig viele Unbekannte im Gepäck, sich mit 30.000 Euro auf dem Konto für ein 21-Mio.-Projekt zu bewerben, war auch etwas größenwahnsinnig. Nicht nur Zielklarheit, sondern auch innere Überzeugung, dass es machbar ist. Kennt ihr das? Wann guckst du auf den Zielbaum oder wann spürst du, dass die Entscheidung richtig ist?

NB: Bauchgefühl hat im Privaten und auch im Geschäftlichen seinen Wert. Die Suche in Westberlin nach einer Immobilie, die nicht erfolgreich lief, neue Möglichkeiten, die sich durch die Wiedervereinigung ergeben haben, ein überschäumender Markt, weil keiner wusste, wie sich das entwickeln würde. Das war ein eigener, historisch sehr besonderer Prozess …

CN: Wenn es um grundsätzliche Neuerung geht, müssen Entscheidungen auf einer Grundlage getroffen werden, die keine Erfahrungen bereit hält, auf die sich zurückgreifen ließe, die vielleicht sogar störend sind. Auch das, was man erreichen möchte, ist voller Unbekannter. Ich komme nochmal darauf zurück: Für was genau und bis wohin ist der Zielbaum nützlich? Und auch innerhalb der Ordnung des Zielbaums trefft ihr doch immer wieder Entscheidungen, irgendetwas nicht zu machen, obwohl es zum Zielbaum passt.

AS: Das unternehmerische Moment ist jetzt die Weiterentwicklung. Wir sind an einem Punkt angekommen, wo auch das Unternehmen gereift ist, d. h., es müssen jetzt andere unternehmerische Qualitäten und Kompetenzen mitgebracht werden als in der Gründungsphase. Da sind wir als Genossenschaft besser aufgestellt als ein Einzelunternehmen, weil man sich diejenigen Personen passend zu der jeweiligen Phase und zum jeweiligen Kompetenzbedarf in die Gremien holen kann. Das Risiko ist insgesamt kleiner geworden, auch weil wir die Immobilie sichern wollen. Das hält uns davon ab, viel Geld in andere Projekte zu stecken, obwohl wir gute Projekte auf Halde haben.

CN: These: Es braucht zu unterschiedlichen Phasen einer Unternehmung unterschiedliche Kompetenzen und irgendwie ist es der WeiberWirtschaft gelungen, dies zu steuern und passend zu jeder Phase die „Richtigen" zu finden.

AS: Ich weiß gar nicht, ob das nur Steuerung ist, da finden sich ja ganz verschiedene Frauen zusammen. Das ist jedenfalls nicht ausschließlich ein bewusster Prozess.

CN: Wer passt in die Gremien? Ist das Planung im Sinne des Zielbaums oder ziehen bestimmte Phasen auch bestimmte Frauen an?

NB: Also, ich wäre in der Planungsphase nicht dazugestoßen, ich bin erst gekommen, als es schon ein Dach gab, als die Arbeit der ersten Visionärinnen getan war. Deswegen gebe ich Dir recht, dass bestimmte Menschen sich in bestimmten Phasen zu Organisationen hingezogen fühlen.

CN: Das ist auch für das Buch mit seiner Suche nach Erfolgsindikatoren ein wichtiges Moment – dieser Prozess: suchen und finden, angezogen werden, dabei bleiben, sich trennen, neue Rollen finden … Platz für Neue(s) schaffen. Es gab in meiner Erinnerung nur sehr wenig konflikthafte Trennungen. Es gibt auch Projekte, die den Bach runtergegangen sind, auch wenn für sie Kredite aufgenommen wurden und die finanzielle Verantwortung hoch war. Offenheit, Durchlässigkeit und Stabilität, wie geht das zusammen?

AS: Die Genossenschaft ist eine besondere Form für Unternehmen. Durch die Satzung ist die ausschließliche Fokussierung auf den rein wirtschaftlichen Aspekt ja gar nicht möglich. Die Anteilseignerinnen haben deswegen eine viel höhere inhaltliche Verbindung zu ihrem Unternehmen und deshalb ist es auch leichter, neue Kräfte für neue Aufgaben aus diesem Pool zu bekommen, sodass es organisch wachsen kann, dass nicht jede, die neu dazustößt, von null anfängt. Sondern die Genossenschafterinnen werden eine Zeit lang in äußeren Bereichen mitgenommen und können dann auf einer anderen Ebene in die Gremien einsteigen.

Das hat auch mit der Größe der Organisation zu tun. Nicht nur das Haus ist groß gedacht, sondern auch die Organisation. Es gibt viele Möglichkeiten sich zu beteiligen, die Organisation kann in der richtigen Geschwindigkeit wachsen und sich stabil entwickeln.

CN: Weiß der Vorstand eigentlich immer so genau, was unter dem Dach der Genossenschaft alles passiert? Das gilt auch für Kooperationen mit Forschung und Wissenschaft. Wann ist das produktiv, wann könnten Probleme entstehen?

AS: Das ist bei einer so großen Organisation wie der WeiberWirtschaft eine interessante Frage. Es könnte Konflikte geben, denn wir wissen nicht, was alles unter dem Label WeiberWirtschaft eG gemacht oder gesagt wird. Und anders als bei einer GmbH, wo alle Mitarbeiter_innen für ihre Tätigkeiten bezahlt werden, haben wir die ehrenamtliche Tätigkeit. Wenn jemand bezahlt wird, muss die Organisation wissen, was diese Person macht und sagt, aber wenn sie ehrenamtlich tätig ist und es aus Lust, Freude und Spaß und Engagement macht, dann muss sie auch einen größeren Spielraum haben. Die Organisation muss dann mit bestimmten Dingen leben. Auf der anderen Seite bringt uns Ehrenamtlichkeit auch an Grenzen. In letzter Zeit haben wir immer das Gefühl, wir könnten deutlich mehr machen. Gleichzeitig bringt das Ehrenamt aber eben auch enorme Vorteile …

CN: … wie eben niedrigschwellige Möglichkeiten, sich – temporär – zu engagieren und die Genossenschaft anzuregen, ohne durch einen Flaschenhals an Vorstandsentscheidungen zu müssen?

AS: Ja, dadurch entsteht auch Innovationsfähigkeit: Bestimmte Themen dringen aus dem weiteren Kreis ins Innere vor, wenn die Anfragen oder Anforderungen eine kritische Masse annehmen, wird die Organisation selbst aktiv. Wie z. B. bei der Gründungsberatung. Da funktioniert die Genossenschaft eher als Schwarm …

CN: Okay. Die Genossenschaft in der Art ihrer Aufstellung ist innovationsfähig und entwicklungsfähig, ohne ihre Kernziele aus dem Blick zu verlieren und ihre Prioritäten unklar zu haben, weil sie Elemente von Schwarmdynamik integrieren konnte. Wie sieht die Übersetzung aus?

AS: Wenn der Schwarm sich bewegt, entstehen vielleicht neue Projekte, aber die generelle Ausrichtung der Genossenschaft bleibt bestehen, weil es das ist, warum sich dieser Schwarm zusammengetan hat.

CN: Ein Beispiel aus den Anfangszeiten: Da gab es Visionen mit hoch integrativen Ideen: Migrantinnen, Ost-West, Nord-Süd, das Gründerinnenzentrum könnte Vermarktungsort für von Frauen produzierte Produkte aus dem Süden sein. Bei dem konkreten Projekt, über das wir nachgedacht haben, ging es um den Import und die Vermarktung getrockneter Früchte aus dem Senegal.

Ein von uns beauftragtes Gutachten von Prof. Claudia von Braunmühl hat damals ergeben, dass das Projekt nicht ökonomisch tragfähig wäre. Hätte inhaltlich und politisch gut gepasst, hätte uns aber auch überfordert. Wir mussten realistisch anerkennen, dass wir nicht alle unsere politischen Ziele auf einmal erreichen können. Würde dieses Projekt heute in den Zielbaum passen?

AS: Unser Zielbaum würde das Früchteprojekt nicht mehr abdecken, wir haben uns stark auf das Unternehmerinnentum fokussiert, d. h. wir würden eine Unternehmerin unterstützen – z. B. über Mietreduktion –, damit sie das Früchteprojekt umzusetzen kann, aber wir machen das nicht selbst, wir haben keine Kapazitäten, es passt zu uns, überfordert uns aber. Das ist heute nicht anders als damals. Die Frage stellen wir uns aber immer wieder: Wir selbst können es nicht machen, aber wie gelingt es trotzdem?

Das macht vielleicht auch das besondere Potenzial der Genossenschaft aus.

CN: Aber auch, weil die WeiberWirtschaft einen Möglichkeitsraum schafft, in dem sich Ideen von unten entwickeln können und ihre Orte finden, ohne das Kerngeschäft infrage zu stellen.

NB: Die WeiberWirtschaft schafft Raum durch Gewerberäume und vor allem auch durch den Tagungsbereich als Kommunikationsort für Weiterentwicklungen und Lernen. Wir können das nicht selber machen, aber wir beteiligen uns durch die Überlassung des Tagungsbereichs.

Ich freue mich, dass unser Vorstandsteam seit vielen Jahren so produktiv zusammenarbeitet. Ein besonderer Dank an dieser Stelle an unsere geschäftsführende Vorstandsfrau Katja von der Bey, die für mich in besonderer Weise für eine Mischung aus Verantwortung für das Bestehende und Offenheit für Neues steht.

Für Entscheidungen ist unser Motto die Basis: Unsere Luftschlösser haben U-Bahn-Anschluss. Die Verbindung von Visionen mit der Bodenhaftung.

Auswahl von Geschenken von Besucher_innengruppen aus aller Welt:
Ägypten, Chile, Israel, Japan, Jordanien, Palästina, Uganda und Weißrussland.

Das Redaktionsteam: Sandra Megtert, Astrid Reuter, Ines Hecker, Andrea Schirmacher, Katja von der Bey, Agnes Hümbs, Vera Vöhl, Delal Atmaca, Sabine Smentek (von l.o. nach r.u.)

2004 Netzwerktreffen GUZ

Agnes Hümbs und Andrea Schirmacher

Redaktionssitzung für das Handbuch Gründerinnen- und Unternehmerinnenzentren, 2004

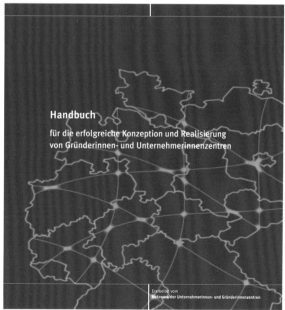

Handbuch

für die erfolgreiche Konzeption und Realisierung
von Gründerinnen- und Unternehmerinnenzentren

Erarbeitet vom
Netzwerk der Unternehmerinnen- und Gründerinnenzentren

Unternehmerinnenporträts, 2006

Christina Zech (heute Christina de Graaf) und Konscha Schostak beim Entwerfen eines Logos für die Gründerinnenzentrale, 2005

2006 Eröffnung der Gründerinnenzentrale

Plakat, 2006

Sabine Smentek und Staatssekretärin Susanne Ahlers von der Senatsverwaltung für Wirtschaft, Arbeit und Frauen Berlin bei der Eröffnung

Januar 2006: Eröffnung der Gründerinnenzentrale

Ausstellerinnen auf dem Marktplatz 2013

Foto: Mirjam Tamayo

Marktplatz 2010

Friederike Tebbe, Fotografie 2008. Postkartenmotiv 2009. Die Künstlerin ist Genossenschafterin.

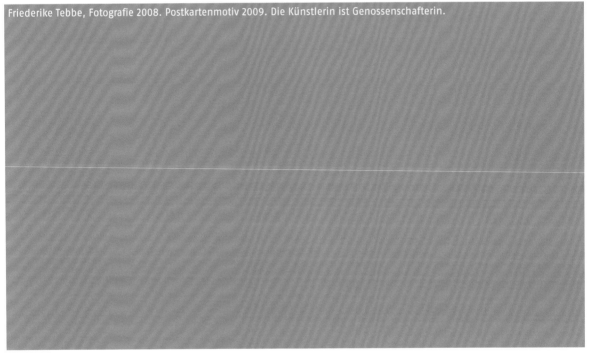

Sibylle Plogstedt
Arbeitsplätze in der Frauenbewegung – ein Traum?

In dem Film „Madame X – eine absolute Herrscherin" von Ulrike Ottinger (1977) ereilt jede Frau an einem anderen Ort der Ruf von Madame X. Alle strömen auf das Schiff, das ihnen die Erfüllung ihrer Träume verspricht: Abenteuer, ein anderes Leben, Glück mit Frauen und Kombattantinnen, die bereit sind den Aufbruch zu wagen. Der Aufbruch führte zur Betriebsgründung. Die meist kollektiven Eigentümerinnen waren hoch angesehen in der Frauenbewegung der 1970er Jahre, denn die feministischen Unternehmerinnen waren informelle Kommunikationszentren in der nicht strukturierten Bewegung. Im Frauenbuchladen und in der feministischen Kneipe erfuhr man, wer mit wem gesehen wurde, welche Liebesverhältnisse zerbrochen und welche Projekte in Vorbereitung waren.

Einst Rebellinnen, heute Unternehmerinnen – lässt sich diese Formel aufstellen? Sind die Rebellinnen von einst, die feministischen Unternehmerinnen ebenfalls von einer Madame X in ihre Projekte berufen worden? Ereilte auch sie der Ruf der Frauenbewegung und ließ sie in die Projekte und Frauenbetriebe strömen? Vor allem in der Anfangsphase war dieser Weg wohl eher von einem Sog denn von einem nüchternen Kalkül bestimmt. Die Mehrzahl der feministischen Gründerinnen waren Studentinnen oder arbeitslose Jungakademikerinnen, kamen aus den Geisteswissenschaften, hatten keine Berufserfahrung und gingen ohne Existenzängste in die Projekte, denn die Perspektive einer möglichen Vollbeschäftigung war noch nicht von der Erwartung der Arbeitslosigkeit abgelöst. Einzig die Berufsverbote drohten.

Ungewöhnlich waren nur die Bildungsvoraussetzungen von Einzelnen. Z. B. von Brigitte Siegel (heute „Geld und Rosen").[1] Sie hatte, das war ganz selten unter den Projektfrauen, eine Ausbildung an der Wirtschafts- und Verwaltungsakademie gemacht mit einer Zusatzqualifikation in Betriebswirtschaft. Mit ihrem Eintritt ins Kollektiv im Frauenferienhaus Zülpich hat sie sich, wie sie sagt, „einen Traum erfüllt". Brigitte Siegel: „Ich hockte in der Industrie, frauenbewegt, fast jeden Abend irgendwo unterwegs, wie das in den Jahren war. Und es begann,

Arbeitsplätze in der Frauenbewegung zu geben – die Frauenhäuser hatten Arbeitsplätze, überall entstand so etwas – da entstand in vielen Köpfen die Frage: ‚Mensch, kann ich nicht auch so einen Arbeitsplatz innerhalb der Frauenbewegung ergattern?' Es war mir aber schier unmöglich. Alle um mich herum waren ja Lehrerinnen, Sozialarbeiterinnen, Kindergärtnerinnen, Krankenschwestern und ich stand da mit Betriebswirtschaft und Kaufmännischem. Das war ja mega out. Als im (Frauenferien- und Bildungshaus) Zülpich die Gründerin weggegangen war, die einen kaufmännischen Hintergrund hatte, saßen die mit den ersten Zusagen von großen Zuwendungen da und kriegten kalte Füße. Sie hatten keine Fachfrau mehr und es ging drunter und drüber." Als Siegel das Angebot bekam, in Zülpich einzusteigen, und die Lohnhöhe erfuhr, musste sie doch erst einmal schlucken und durchrechnen, ob sie von einem kollektiven Lohn überhaupt leben konnte. „Der Kollektivlohn war damals genau das halbe Gehalt von dem, was ich verdiente. Also, das halbe Gehalt ist immer nur ein halbes Gehalt." Der Traum war stärker. Brigitte Siegel folgte dem Ruf von Madame X.

Anke Schäfer, gelernte Buchhändlerin, kam die Ideen zu einem Frauenbuchladen, als sie in einem ganz normalen Buchladen ein ebenso normales Fischer-Taschenbuch nicht erhielt. Es war das damals gerade erschienene Buch von Shulamith Firestone: „Frauenbefreiung und sexuelle Revolution". „Da haben die mich angeguckt, als hätte ich den härtesten Porno verlangt: ‚Das haben wir nicht.' Da habe ich mir gesagt: Ich will einen Buchladen aufmachen."

Anni Hausladen, heute Supervisorin von Frauenprojekten, hat Anfang der 80er Jahre in Düsseldorf die monatlich erscheinende Kalenderzeitschrift „Kom'ma" mit begründet. „Das war nicht wie heute, wo eine sagt: ‚Ich habe eine Geschäftsidee und will die umsetzen'." Auf die Idee, dass solch ein Blatt eine einzelne Frau machen könnte, kam damals keine. Es war umgekehrt: „Eine hatte eine Idee, kam an die Uni und erzählte das bei einer Veranstaltung. Und dann haben wir uns zu fünft oder sechst immer wieder getroffen, um das umzusetzen'." Die gelernte Betriebswirtin und Therapeutin ist aber bis heute begeistert: „Das hat unheimlich viel Spaß gemacht, einfach etwas Neues zu kreieren, zu gucken, wie geht das? Layouts zu entwickeln, Fähigkeiten zu entwickeln, wie

---

1 Unternehmensberatung für Frauen und soziale Einrichtungen, www.geldundrosen.de.

schreibt man Artikel? Wo gehe ich hin? Wie interviewe ich Leute? Bis hin zu: Wie kriege ich Anzeigen, damit sich das Ganze finanziert? Das war schon eine tolle Lernphase." Ein Kollektiv war die „Kom'ma"-Gruppe nicht. Kollektive haben meist Regeln. „Wir haben uns als Gruppe (getroffen), in eigener Verantwortung. Wir haben erst viel später einen Verein gegründet, um uns vor der Haftung rechtlich zu schützen."

Barbara Köster, Leiterin der Frankfurter „Frauenschule", meint, ihr sei der Aufstieg von der Tellerwäscherin an die Spitze des Unternehmens gelungen: „Nur Millionärin kann man hier nicht werden." Sie war Teilnehmerin eines Seminars, als die Leiterin während des laufenden Kurses plötzlich absprang, um in Urlaub zu fahren. Sie bat Barbara Köster, ihren Kurs zu übernehmen. Köster entdeckte für sich das Projekt „Frauenschule". Auch sie folgte dem Ruf von Madame X. „Die Gründerinnen waren eine ganz normale Frauengruppe. Sie kannten sich aus dem Frauenzentrum Bockenheim, kamen aus Frauenkursen in der Volkshochschule oder aus Projekten wie „Frauen in Männerberufen". „Die Schule hat jahrelang wie eine Arbeitsgruppe funktioniert, nur etwas verbindlicher."

Die Projekte vertraten öffentlichkeitswirksam gesellschaftliche Tabubereiche wie das Thema Gewalt gegen Frauen. Die Notrufe waren zuständig für das Thema Vergewaltigung, „Wildwasser" für sexuellen Missbrauch, die Frauenhäuser für misshandelte Frauen. Dieser Teil der Projekte wurde nach und nach staatlich finanziert und stand nur betroffenen Frauen offen. Frauenverlage, Frauenbuchläden, Frauenzeitschriften, die die Öffentlichkeitsarbeit der Frauenbewegung machten, waren privat finanziert. Dieser Teil der Projekte war ein öffentlich vernehmbarer Bereich.

Die Projekte waren nur ein Ausschnitt der neuen Frauenbewegung. Hinzu kamen im Verlauf der 80er Jahre die neuen Berufsverbände (Journalistinnen, Bücherfrauen etc.), dazu die wieder politisierten Berufsverbände der alten Frauenbewegung (Juristinnen, Ärztinnen), die Etablierung an den Universitäten in den Frauenstudien und Genderstudies, die Mütterzentren sowie die breite Frauenkulturszene mit Bands, Theater- und Kabarettfrauen. Und last but not least: die Einrichtung der Stellen der Frauenbeauftragten, die Positionen, die durch Quoten in den Parteien und Gewerkschaften errungen wurden oder durch Frauenförderpläne im Öffentlichen Dienst. Sie alle standen für den Versuch, ein anderes Gesellschaftsmodell zu verwirklichen. Es war eine Verquickung von Privatwirtschaft, in die sich die Frauen einfädeln mussten, und den anarchistisch-gespeisten Ansprüchen an eine egalitäre Zusammenarbeit. Kein Wunder, wenn daraus Sprengkraft entstand.

In den Frauenprojekten und -betrieben verhielt sich die Frauenbewegung wie eine siegreiche Revolution im Kleinstformat: Jeder Buchladen eine gelungene Revolution! Jede Zeitschrift, jede Frauenkneipe, jedes Kulturzentrum ein erobertes Territorium! Einige träumten sogar von einem Frauenland. Das wurde aber eher in Neuseeland angesiedelt. Merkwürdigerweise gab es kaum Träume von ökonomischer Macht, obwohl die Frauenbewegung diesen Weg einschlug. Aber das sollte noch dauern.

Mit dem Wachsen der Projekte in den späten 70er und 80er Jahren entstand ein Mehr an Geldbedarf. „Die Berührungsangst mit Geld, die wir noch vor fünf Jahren in den Frauenprojekten feststellen konnten, ist überwunden. In vielen Projekten wird mit Tausenden und Hunderttausenden von Mark umgegangen. Früher schrien noch alle entsetzt: Wie könnt ihr nur 500.000 Mark oder eine Mio. fordern? Heute wird genauer gerechnet: Kann mit einer Mio. tatsächlich alle Arbeit im Frauenhaus bezahlt werden? Und was sind schon 20.000 Mark für eine Sommeruniversität?"[2], schrieb ich bereits 1981 in der Frauenzeitung *Courage*.

Es begann eine Langzeitexpedition auf der Suche nach Fördertöpfen. Waren anfangs die Geldgeberinnen die Frauenbewegungsfrauen selbst, entdeckte fortan jede Projektart für sich andere Zuwendungsgeber: das Land, den Bund, die EU oder Lotto und andere Stiftungen. Ähnliche Projekte konnten voneinander lernen. Der Run auf staatliche Gelder war innerhalb von kurzer Zeit eingetreten, ein erstaunlicher Prozess, wenn man bedenkt, dass fünf Jahre zuvor ein Teil der Frauen ja noch wegen der Extremistenbeschlüsse freiwillig oder erzwungen auf eine Position im Staatsdienst und auch an den Universitäten verzichtet hatte. Kein Wunder, wenn die „Courage" damals warnte: „Die Projekte, die über staatliche Gelder feste Arbeitsstellen eingerichtet haben, werden von dieser Geldquelle abhängig."[3]

Diese Warnung erschien damals richtig, sie erlangte jedoch erst in Zeiten knapper öffentlicher Kassen in diesem Jahrtausend Relevanz: „Auf Dauer wird jede gestrichene Mark zu einem Existenzproblem und der Kampf um die staatlichen Steuergelder zum Existenzkampf: Aufrechterhaltung oder Einstellung der Arbeit eines Frauenprojekts. Grund genug, dass wir über das Verhältnis von Frauenbewegung und Staat gründlicher nachdenken und an der Geschichte der Frauenbewegung uns klar machen, wie sich unser Verhältnis zum Staat in den letzten fünf bis

---

2 Plogstedt, Sibylle: Staatsgelder für Frauenprojekte. *Courage* 2, 1981, S. 20.

3 Ebd.

zehn Jahren verändert hat."[4] Eingegangen sind inzwischen schon viele Frauenprojekte, die von einer direkten Nachfrage durch die Frauen selbst abhängig waren. Frauenbuchläden, Frauenkneipen, Frauenbuchvertriebe und Frauenzeitungen und auch die Frauenbuchreihen großer Verlage verschwanden. Und damit eine weitere Kommunikations- und Ausweitungsmöglichkeit für die Frauenbewegung.

Der eingeschränkte Markt, in dem Frauen, die mit Männern lebten, in der westdeutschen Frauenbewegung wie Verräterinnen behandelt wurden und Männer ihren Frauen kein Buch im Frauenbuchladen besorgen durften, war zu klein geworden. Der Lesbenmarkt allein trug die feministische Bewegung nicht auf Dauer. Die Tabus der Frauenbewegung, die anfangs ihre Radikalität ausmachten, trugen zu ihrem Zerfall bei. „Es gab ganz viele Tabus", stellt Anni Hausladen fest.

Tatsächlich: Kaum ein Wort ist in meinen Interviews für das Bilanzbuch der Frauenprojekte „Frauenbetriebe – vom Kollektiv zur Einzelunternehmerin" (Ulrike Helmer Verlag) so häufig benutzt worden wie das Wort Tabu. Neben den Geboten der Kollektive wie Gleichheit und Basisdemokratie konnte ich mindestens fünf Haupttabus herausfiltern, die zeitweise in den Kollektiven herrschten. Es sind die Tabus Reichtum, Schönheit, Macht, Liebesbeziehungen, in jedem Fall aber Männer. Im Laufe der Interviews zeigte sich, dass selbst die Zahl fünf noch nicht ausreichte. Marie Sichtermann überlegte: „Wo kommen diese Tabus her? Wollen wir die? Nehmen wir da irgendwas, was uralt ist und gar nicht zu uns passt? Da fehlt ein Denken. Und das wiederum hängt mit der tabuisierten Intellektualität zusammen." Womit gleich ein weiteres Tabu benannt wäre. Es zählt zu den Grundübeln der damaligen Frauenbewegung, dass dort die Bauchgefühle über den Kopf herrschten. Von allen Tabus sei das verheerendste gewesen, „dass Denken und Intellektualität tabuisiert waren. Das ist noch verheerender für die Frauenbewegung als die Tabuisierung von Schönheit und Reichtum."[5] Auffallend war auch, dass die Frauenbewegung, die, die unendlich viele familiäre Tabus aufgedeckt hat, selber unentwegt neue verhängte und damit den eigenen Mitgliedern Stolpersteine in den Weg legte.

Die Geschichte der feministischen Frauenbetriebe bzw. der Frauenprojektebewegung zeigt, unter welchen Bedingungen die Frauen ihre Erfolge erreichten:[6] Nach einer Phase von Anfangseuphorie schlug der Elan an manchen Stellen in Autoaggression um. Ende der 70er begann ein Trashing in den Projekten. Es ging um Gleichheit, es ging um die Macht. Wer stark war, war nicht mehr gleich. Wer Macht wollte, verriet die Schwestern in ihrem Wunsch nach Gleichheit. Selbst wenn es dabei darum ging, das gemeinsame Projekt voranzubringen. Die Kämpfe gipfelten im Vertreiben von starken Frauen. Ein Teil der Gründerinnen der Frauenprojekte gab auf. Anders ausgedrückt: Die Revolution fraß ihre Mütter.[7]

Zum Glück zählte trotz dieser heftigen inneren Spannungen die neue Frauenbewegung zu den friedlichen Revolutionen. Der „Thermidor in der Frauenbewegung" verlief unblutig, schuf aber eine Reihe von Opfern. Er arbeitete mit Mobbing und Psychoterror. Die Aggression gegen Männer erschöpfte sich darin, diese auszugrenzen. Ein Gemetzel an Männern gab es nur in negativen Utopien.[8]

Frauenprojekte lebten von dem Wachstum und den Synergieeffekten der Frauenbewegung. In diese Richtung wiesen auch alle ihre Utopien. Barbara Köster von der Frankfurter „Frauenschule" erinnert an die Anfangsideen: „Es wurde davon geredet, dass man ein Haus kaufen will, da sollten Ateliers rein. Am Ende wurde daraus die Frauenschule. Das war eine self contained community, also eine Burg, wo alle möglichen Frauenaktivitäten stattfinden sollten."

Burgmauern, hinter denen ein Projekt verschwand, sind leicht vorstellbar. Auch die Diadochinnenkämpfe dahinter. Wachstum aus Synergieeffekten und gemeinsamer Planung blieben jedoch die Ausnahme. Die Frauenbuchläden konnten sich z. B. nie durchringen, eine Einkaufsgenossenschaft zu bilden. Gemeinsam geworben haben sie damals in der *Courage*. Später aber konnten sich die Läden nur noch selten zu gemeinsamen Aktionen durchringen. Ulrike Janz, Besitzerin des Frauenbuchladens „Amazonas" in Bochum: „Dem stand ein sehr starker Anspruch von Autonomie entgegen."[9]

Auch das Frauenhotel „Artemisia" in Berlin hat es nicht geschafft, die Berliner Frauenkneipen an einen Tisch zu laden und die Einkäufe zu koordinieren. Mitbegründerin Manuela Polidori: „Wir sind alle klein, das Frauenhotel ist als Betrieb ja auch klein. Ich gehe zu einem Lieferanten und bestelle zwei Kartons Wein. Dann krieg ich natürlich wenig Rabatt. Wenn ich aber 50 Kartons Wein bestelle, würde ich einen anderen Preis kriegen. Ich habe vor über zehn Jahren versucht, mit den Frauenkneipen, die es da-

---

4 Ebd.

5 Diese Tabus werden behandelt in: Plogstedt, Sibylle: Frauenbetriebe – Vom Kollektiv zur Einzelunternehmerin. Königstein: Ulrike Helmer Verlag 2006.

6 Ebd.

7 Vgl. Plogstedt, Sibylle: Die Revolution entläßt ihre Mütter – Kaltgestellt: Starke Frauen in der alternativen Bewegung. *Vorwärts* 23, 1986, S. 16.

8 Z. B. bei Francoise d'Eaubonne.

9 Der Buchladen ist inzwischen ebenfalls eingegangen.

mals noch gab, ein Projekt zu starten, dass wir zusammen einkaufen. Dann hätten wir bessere Preise bekommen können. Natürlich war niemand dafür. Es war zu kompliziert, womöglich haben sie gedacht, das Frauenhotel will sich bereichern. Ich fand es schade." Auf Wachstum, eine Frauenhotelkette gar, hatte Manuela Polidori früher durchaus gehofft. Heute tut sie das nicht mehr. „Da muss man realistisch sein. Vor 15 Jahren habe ich geträumt: Ach, könnten wir eine Artemisia-Kette gründen! Wir haben uns sogar sachkundig gemacht, wie wir als Franchising-Kolleginnen arbeiten könnten. Aber diese Frauenhotels sind keine Marktlücken. Das waren sie vor 15 Jahren nicht und heute sind das noch weniger."

Mechthild Upgang, unabhängige Finanzberaterin, hat beobachtet, dass sich die Männer in ihrer Branche sofort zu Pools zusammenschließen. „Die poolen ihre Bestände. Du musst aber nicht meinen, dass das mit Frauen möglich ist. Weil die dann denken: ,Dann weiß Mechthild ja, was ich für Umsätze mache.' Ich will nicht sagen, dass es bei den Männern besser läuft, es läuft nur anders. Die poolen sich zu wie blöd. Die verdienen sich dann dumm und dusselig." Frauen reiche es angeblich, ihren Lebensunterhalt zu verdienen. „Alle sagen: ,Ich habe meine 50.000 Euro als Jahresumsatz-Ziel.' Denen reicht das. Dafür sind sie auch unabhängig. 50.000 kannst du locker machen." Upgangs Folgerung: „Frauenunternehmen können nicht wachsen. Das ist ein Widerspruch in sich. Sie können nur wachsen, wenn sie Allianzen mit Männern eingehen." Damit zog Mechthild Upgang Aggressionen ihrer Frauenklientel auf sich.

Einfach ist es nicht, ein Wachstumsmodell für Frauenbetriebe zu entwickeln. Das Problem liegt für „Geld und Rosen"-Gründerin Brigitte Siegel darin: „Frauenbetriebe wollen nicht zu groß werden. Frauen mögen keine Größenordnungen, die sie nicht mehr überschauen können. Wenn sich – emotional, subjektiv – ein Betrieb in eine Größenordnung entwickelt, dass da 16–18 Mitarbeiterinnen sind, dann sind die eher bereit, sich zu teilen, auch in der Rechtsform, statt dass sie diese Größe nach vorne bewegen." Auch Andrea Braun vom Handwerkerinnenhaus[10] meint, die Frauenbetriebe blieben wegen der Übersichtlichkeit lieber klein. „Weil man alles in der Hand hat, gibt es ein geringeres Risiko. Das hat mit Übersichtlichkeit, Überschaubarkeit zu tun. Ich kenne wenige Frauen, die Angestellte haben. Das würde ja unserer traditionellen sozialen Ader widersprechen." Vier Angestellte reichen ihr. Früher hatte sie schon mal zehn. Aber ein größeres Unternehmen gründen will sie nicht: „Das wäre nicht meins." Bei ihren Kolleg_innen, die wie sie auf dem Weihnachtsmarkt arbeiten, sieht sie immer wieder, wie

schlecht auch Männer mit dem Wachstum fertig werden. „Dann wächst das und sie kriegen nicht den Punkt zu sagen: ,Das wächst mir viel zu schnell. Ich will nicht die Verantwortung für vierzehn Angestellte haben.'"

Im Gegensatz zu den Projekten der Frauenbewegung haben Ökoläden, Ökovertriebe und Ökokaufhäuser Wachstum gewagt, sie haben sich zu Ketten zusammengeschlossen. „In Sachen Wirtschaft haben sie einen Sprung nach vorne gemacht, da gebe ich Dir Recht." Brigitte Siegel ist aber nicht nur angetan von dem Wachstum der grünen Ökonomie. „Wenn du fragst, ob sie in Sachen Qualität und Arbeits- und Lebensbedingungen für ihre arbeitenden Menschen einen Fortschritt gemacht haben, würde ich sagen: Nein, haben sie nicht, bestenfalls einen Sprung zur Seite." Interessant ist, dass so unterschiedliche Unternehmerinnen wie Mechthild Upgang und Brigitte Siegel gegenwärtig ein Wachstum von Frauenunternehmen ausschließen.

Neuer Pragmatismus

Nach jahrelangen, phasenweise immer wieder aufflackernden Spannungen ist es den Frauenbetrieben gelungen, sich von ihrer dogmatischen Phase zu verabschieden und lebbare, pragmatischere Lebens- und Arbeitsmodelle zu entwickeln. Reich wurden nur wenige Frauen dabei. Aber auch die gab es. Meist war es so, dass reiche Frauen die Projekte subventionierten.

In der Mehrzahl der Frauenbetriebe existiert heute eine Einzelleitung oder das GbR-Modell aus mehreren Besitzerinnen und Einzelverantwortlichen. Einstige Kollektivfrauen ziehen die Arbeit als Einzelunternehmerinnen vor oder arbeiten in Strukturen, die ihnen genügend Freiheiten gewähren. Sie wollen sich nicht ständig in heißen Kämpfen verschleißen und sich wie Ikarus die Flügel verbrennen, die sie doch zu den Utopien tragen sollten. Dann lieber keine Utopien. Die Kraft, die aus dem Neubeginn der 70er kam, ist verloren gegangen. Die Ideen sind abgearbeitet. Für neue Ziele braucht es den Neuanfang durch eine neue Frauengeneration.

Eine Tendenz zum Wachstum von Frauenbetrieben zeigt sich heute – 30 Jahre später – in Ansätzen aber doch. Er ist dort möglich, wo die Betriebe altersgemäß gut durchmischt sind und wo – wie in der Berliner WeiberWirtschaft – für Kinderbetreuung gesorgt ist. In Berlin ist ein Modell entstanden, in dem der einzelne Frauenbetrieb von der Größe her überschaubar bleiben kann und durch Synergieeffekte zu anderen Frauenbetrieben ein Wachstum dennoch möglich ist. Frauenbetriebe müssen sich überlegen, wie sie sich als Frauenwirtschaftslobby Gehör verschaffen, welchen Netzwerken sie sich anschließen oder wie sie sich untereinander verbinden wollen.

10 www.handwerkerinnenhaus.org.

Die WeiberWirtschaft in Berlin zeugt von einem Wachstum. Vielleicht schafft es die nächste Generation der Frauenbewegung. Die Vision der Mitgliedsfrauen in der Genossenschaft geht jedenfalls hin zu weiteren Frauen-Gewerbehöfen. „Wir haben auf unserer Generalversammlung mal unsere Genossenschafterinnen damit konfrontiert, dass wir, wenn alles gut geht, eines Tages über Gewinne werden entscheiden können. Da war der Jubel groß. Wir haben die Frauen gefragt: ‚Was würdet Ihr damit machen? Wir haben verschiedene Modelle. Wir können sagen, wir investieren weiter, in mehr Gründerinnenförderung. Sprich, wir senken die Mieten irgendwann auf Betriebskostenhöhe. Das zweite Modell ist: Wir zahlen Rendite auf die Genossenschaftsanteile. Das dritte Modell sind neue Immobilien: Wir investieren in ähnliche Zentren in anderen Städten oder auch in Berlin.‘ Wir haben das mal gepunktet[11] und waren ganz überrascht. Die Mehrheit hat ihre Punkte durchgeschnitten – das war gar nicht vorgesehen – und hat gesagt: zur Hälfte Rendite und zur Hälfte neue Immobilien.“

Service und professionelles Arbeiten sind gefragt. Das gilt auch für das größte Erfolgsprojekt in Deutschland, das sich im Schatten der Frauenbewegung entwickelt hat. Gisela Erler, einst Autorin des grünen „Müttermanifests“, ist in den 80er Jahren der Mutterkreuz-Ideologie und der Spaltung der Frauenbewegung verdächtigt worden. Die Tochter des SPD-Mitbegründers Fritz Erler ist bis heute Mitglied der Grünen, hat sich weder durch grüne noch sozialdemokratische oder feministische Vorwürfe beirren lassen.

Erler hat nicht nur die Mütterzentren mitbegründet, sondern auch selbst einen Betrieb aufgebaut. Ihr „Familienservice“ hat Kindergärtenplätze in Großunternehmen geschaffen. Etwa 1.500 Euro zahlen die Unternehmen pro untergebrachtem Kind. In den Unternehmen, wo die Kinder tagsüber erreichbar bleiben, bekommen die Frauen häufiger Kinder als anderswo. Erlers Familienservice ist in 26 Städten in Deutschland und darüber hinaus in Wien, in Tschechien und in der Schweiz vertreten. Sie erwirtschaftet mit ihrem Projekt einen Jahresumsatz von 28 Mio. Euro. Sie denkt nach über eine neue Ordnung in den Betrieben. „Während Männer gut in Hierarchien funktionieren, können Frauen das nicht“, sagt sie. „Wenn Frauen in einem zu engen Rahmen eingebunden sind, werden sie ganz furchtbar.“ Deshalb sucht sie nach qualitativen Veränderungen in den betrieblichen Organisationsmodellen, sodass Frauen ihre Fähigkeiten besser ausleben können.[12]

Es scheint, als brauche es auch für die älteren feministischen Projekte einen neuen Anstoß. Z. B. den einer Coacherin und Trainerin. Anni Hausladen zieht schon gegen die Haltung vom Null-Wachstum der Frauenbetriebe zu Felde und kritisiert, dass die Frauenbetriebe, statt zu wachsen, nur das Klein-Klein pflegen. Es sind „Kleinstunternehmen und Ein-Frauen-Unternehmen. Nur um ja nicht auf die Idee zu kommen, ich könnte Arbeit auch delegieren, sie anders organisieren, um mich freizumachen für andere Aufgaben. Stattdessen kommt immer dieses Klein-Klein heraus, aus Sicherheitsgründen. Muss ich mehr Verantwortung übernehmen, werde ich eher kritisiert. Klar. Wenn ich in die Öffentlichkeit gehe, werde ich angegriffen. Das muss ich wissen. Damit muss ich umgehen lernen. Stattdessen kommt aber von den Frauen die Reaktion: Nee, dann will ich das lieber gar nicht. Ich weiß nicht, warum das in unseren Frauenköpfen so fest verankert ist. Die Männer machen immer den Gockel, der schon alles kann, und die Frauen sagen immer: ‚Weiß ich nicht, kann ich nicht.‘ Aber ich scheuche sie immer.“

(Vortrag von 2010 – nach dem Buch: Plogstedt, Sibylle: *Frauenbetriebe – Vom Kollektiv zur Einzelunternehmerin*. Königstein: Ulrike Helmer Verlag 2006.)

---

11 Wahrscheinlich mit der Metaplanmethode.

12 Auf der Tagung „Mütter und Moderne“ der Guardini-Stiftung in Berlin, 19. Juni 2010.

Silke Roth
Keine Berührungsängste
Die WeiberWirtschaft und die feministische Zukunft

Die Beiträge in diesem Buch sind spannend zu lesen und demonstrieren, wie viel Mut, Lernbereitschaft und Arbeit im Aufbau und Erfolg der WeiberWirtschaft stecken. Glück und historische Umstände spielen natürlich auch eine Rolle, aber es gehört viel Klugheit und Kommunikationsfähigkeit dazu, diese Konstellationen wahrzunehmen und so brillant auf sie zu reagieren. Da das vorliegende Buch auf eindrucksvolle Weise beschreibt, wie es zur WeiberWirtschaft kam und was die Gründerinnen und diejenigen, die später hinzukamen, im Laufe des vergangenen Vierteljahrhunderts gelernt haben, ist es nicht notwendig, dies hier zu wiederholen. Stattdessen charakterisiere ich die WeiberWirtschaft in meinem Beitrag zunächst als feministische Organisation und reale Utopie, greife dann einige Faktoren und Paradoxien heraus, die zu ihrem Erfolg beigetragen haben, und gehe abschließend der Frage nach, wie die WeiberWirtschaft feministische Transformationen reflektiert und inspiriert.

Feministische Organisation

Aus feministischer Perspektive sind Organisationen in vielfacher Hinsicht von Interesse. Einerseits waren Frauen lange formell oder informell von einflussreichen Organisationen generell oder von entscheidenden Positionen innerhalb von politischen oder ökonomischen Organisationen ausgeschlossen. Andererseits haben Frauen zahlreiche Organisationen gegründet, um ihre Interessen zu verfolgen und zu artikulieren.

Eine zentrale Frage der feministischen Organisationsforschung lautet, ob sich formelle, insbesondere bürokratische Strukturen und Feminismus ausschließen bzw. ob lediglich kleinere Graswurzelorganisationen und Projekte feministisch sein können. Patricia Yancey Martin (1990) weist dies entschieden zurück. Sie identifiziert zehn Dimensionen feministischer Organisationen:

1) Feministische Ideologie,
2) Feministische Werte,
3) Feministische Ziele,
4) Feministische Ergebnisse,
5) Gründungsumstände,
6) Struktur,
7) Praktiken,
8) Mitglieder,
9) Umfang,
10) Externe Beziehungen.

Jedes der erstgenannten fünf Kriterien charakterisiert eine Organisation als feministisch. Die letzten fünf Kriterien treffen hingegen nicht nur auf feministische Organisationen zu (ebd., S. 189). Demzufolge ist eine bürokratische Organisation mit feministischen Ergebnissen eine feministische Organisation, selbst wenn sie sich nicht mit einer Frauenbewegung identifiziert, also z. B. eine Organisation, die bessere Arbeitsbedingungen für Arbeitnehmerinnen aushandelt. Andererseits ist eine kollektivistische Organisation mit einem hohen Frauenanteil nicht automatisch feministisch, wie es beispielsweise der Sexismus in linken Organisationen verdeutlicht.

Bei der WeiberWirtschaft handelt es sich in vielfacher Hinsicht um eine feministische Organisation, allerdings um eine ungewöhnliche. Die Mehrzahl feministischer Organisationen ist im Kultur-, Sozial- und Gesundheitsbereich angesiedelt, z. B. Frauenbuchläden, Frauenhäuser oder Selbsthilfegruppen (Koppert 1993, Ferree u. Martin 1995). Als Wirtschaftsunternehmen und Genossenschaft ist die WeiberWirtschaft eine Pionierin.

Reale Utopie

Die WeiberWirtschaft ist weiterhin eine *reale Utopie*. Eric Olin Wright (2013) verweist mit diesem Begriff auf die Spannung zwischen Träumen und Praxis. Eine reale Utopie beinhaltet sowohl Visionen von Alternativen zu dominanten Institutionen als auch Alternativen zu unintendierten Konsequenzen, selbst-zerstörerischen Dynamiken und schwierigen Dilemmata. Das bedeutet, dass reale Utopien ohne Verlegenheit oder Zynismus an emanzipatorischen Idealen festhalten (ebd., S. 3). Olin Wright betont drei moralische Prinzipien, die reale Utopien auszeichnen – Gleichheit, Demokratie und Nachhaltigkeit. Angesichts der Verpflichtung zur Frauenförderung trifft das Prinzip der Gleichheit nur im eingeschränkten

Maße zu, da die WeiberWirtschaft Männer nur in sehr eingeschränkter Form einbezieht. Die Organisationsform der Genossenschaft und die niedrigen Mitgliedsanteile gewährleisten jedoch Gleichheit und Demokratie in weit größerem Ausmaß als andere Wirtschaftsunternehmen. Schließlich legte die WeiberWirtschaft von Anfang an großen Wert auf Nachhaltigkeit – was sich sogar in einer der größten Krisen-Situationen, den Altlasten – niederschlug. Nancy Naples (2013) entwickelt Wrights Ideen weiter und setzt sich mit drei Modellen intersektionaler feministischer Praxis auseinander: lokalen demokratischen Praktiken, Zusammenarbeit zwischen Staat und Gemeinschaft sowie demokratische Praktiken im transnationalen Kontext. Die WeiberWirtschaft stellt einen Schnittpunkt dieser Praktiken dar.

Keine Berührungsängste

Eine der wichtigsten Lektionen, die die WeiberWirtschaft bietet, ist die Bereitschaft, mit den unterschiedlichsten Gruppen und Individuen zusammenzuarbeiten – oder es zumindest in Erwägung zu ziehen. Die westdeutsche Frauenbewegung hat sich zeitweilig durch Berührungsängste eingeschränkt, wie es im Beitrag von Sibylle Plogstedt noch einmal deutlich wird (siehe auch Ferree u. Roth 2001). Dieses Problem hat die WeiberWirtschaft nie gehabt, wie es in dem hier vorliegenden Band deutlich wird. Auch wenn die Gründerinnen zunächst im Westberliner feministischen Milieu beheimatet sind, wird die Gruppe doch zunehmend heterogener und bemüht sich bewusst darum, mehrere Generationen und Frauen aus den verschiedensten Kontexten zu integrieren (siehe auch Neusüß u. Schambach 2014).[1] Aber nicht nur nach innen, auch nach außen sucht die WeiberWirtschaft Verbündete und nimmt Hilfe an, wo sie sie bekommen kann. Es gibt somit keine Abgrenzung gegenüber Politik und Wirtschaft, im Gegenteil. Bemerkenswert ist weiterhin, dass diese Promiskuität die Integrität der WeiberWirtschaft in keiner Weise kompromittiert. Da wird geflirtet und auch mal (mit der Presse) gedroht, aber die WeiberWirtschaft bleibt sich treu. Pragmatismus heißt nicht Ausverkauf. Die Gratwanderungen und Kompromisse sind in ausgiebige Diskussionsprozesse eingebettet.

1 Dabei ist es interessant, dass die Beiträge in diesem Band wenig auf „Diversität", insbesondere im Hinblick auf Sexualität eingehen. Es geht weniger um die Macherinnen und ihre Biografien als um das Projekt. Das mag ein Ausdruck der Bemühung sein, die Professionalität der WeiberWirtschaft herauszustreichen, d. h. die Identität der WeiberWirtschaft als „Unternehmen" und weniger den Charakter als „feministische Organisation" zu betonen. Im Kontext der Entwicklungszusammenarbeit führt Mizzi (2013) den Begriff des „Heteroprofessionalismus" ein, der vielleicht die Selbstdarstellungsstrategie der WeiberWirtschaft erklärt.

Unabhängigkeit, Professionalität und Ehrenamtlichkeit

Eine wesentliche Rolle spielt in diesem Zusammenhang die Unabhängigkeit der WeiberWirtschaft. Angesichts der immer noch auf dem Unternehmen lastenden Hypotheken und den zahlreichen finanziellen Verhandlungen und der politischen Absicherung der Kredite mag das widersprüchlich klingen. Die WeiberWirtschaft ist zweifellos Verpflichtungen eingegangen und hat sich Unterstützung gesucht, aber diese Ressourcen haben ihr Programm, ihre Haltung und ihre Aktivitäten nicht beeinflusst. Eine wesentliche Rolle spielt hier meines Erachtens der massive ehrenamtliche Einsatz der Weiber. Die zentrale Rolle der Ehrenamtlichkeit in einem Projekt und Unternehmen, dessen Ziel es ist, Arbeitsplätze für Frauen zu schaffen, mag paradox erscheinen. Und die WeiberWirtschaft ist in dieser Hinsicht ja sehr erfolgreich – in erster Linie durch die Schaffung von bezahlbaren Wirtschaftsräumen, aber auch, indem ein Teil der ehrenamtlich erbrachten Leistung in der Selbstverwaltung der Genossenschaft in bezahlte Arbeitsplätze umgewandelt werden kann.

Die zentrale Rolle der Ehrenamtlichkeit spielt jedoch eine wesentliche Rolle dabei, dass die WeiberWirtschaft nicht kooptiert wird, dass sie unabhängig und sich selber treu bleibt, dass der Einsatz von Werten und Überzeugungen geleitet ist und nicht von Existenzangst. Damit möchte ich natürlich nicht die schlaflosen Nächte derjenigen, die durch die Aufnahme von Krediten große Risiken auf sich genommen haben, verharmlosen. Aber ich möchte betonen, dass die Ehrenamtlichkeit eine – nicht nur finanzielle – Unabhängigkeit beinhaltet, die der WeiberWirtschaft den Rücken stärkt. Gleichzeitig zeigt die zentrale Rolle der Ehrenamtlichkeit in der WeiberWirtschaft, wie vieldimensional Arbeit jenseits von materieller Existenzsicherung ist; ein gutes Beispiel für einen erweiterten Arbeitsbegriff, der Erwerbsarbeit und Ehrenamt, politische und Pflegearbeit umfasst. Dabei sollte auch betont werden, dass die Grenze zwischen Haupt- und Ehrenamt äußerst dünn ist und auch die Hauptamtlichen viel ehrenamtliche Leistung in die WeiberWirtschaft gesteckt haben. Die Ehrenamtlichen haben viel investiert – nicht nur Zeit, sondern auch Geld –, aber sie haben auch sehr viel gewonnen. Nicht nur ein weltweit bemerkenswertes Unternehmen, sondern sie haben sich selber qualifiziert. Die Beiträge dokumentieren Realismus und Vision, Witz und Humor, aber auch die Lust an der Macht und am Machen.

Ehrenamtlichkeit und Professionalität spielen auch für die Mieterinnen eine große Rolle. Überhaupt verdeutlicht das Mieterinnengespräch, wie vielfältig die Interessen und Positionen der Genossinnen sind – sie umfassen Gründerinnen, Verwaltung und Mieterinnen.[2] Insofern richten sich die oben schon angesprochenen Vermittlungs- und Verständigungsprozesse der WeiberWirtschaft nicht nur nach außen, sondern auch nach innen, um die unterschiedlichen Bedürfnisse und Probleme abzuwägen sowie Lösungen zu finden. Auch für die Mieterinnen schließen sich „Wirtschaft" und „Kultur", „Effizienz" und „Ehrenamt" nicht aus, die Betriebe der WeiberWirtschaft stellen eine Arbeits*kultur* dar, die Solidarität, gemeinsame Lernprozesse und Nachhaltigkeit und Spaß einschließt. Natürlich gibt es Konflikte, aber sie können bewältigt werden, auch dank Innovationen wie dem KLÄRWERK. Eine der wichtigsten Lektionen ist sicher auch, dass Erfolg kein Nullsummenspiel ist, sondern verschiedenen Gruppen zugute kommen kann. Von der Medienaufmerksamkeit der WeiberWirtschaft profitieren Vorstand und Mieterinnen, von der Gründerinnenzentrale haben nicht nur die Mieterinnen der Genossenschaft etwas, sondern Frauenbetriebe in ganz Berlin und darüber hinaus. Wirtschaftlichkeit impliziert also nicht automatisch Konkurrenz.

Feministische Transformationen

Als feministische Organisation ist die WeiberWirtschaft mit der Frauenbewegung verbunden. Aber mit welcher? Angesichts der zahlreichen Wellen, Strömungen und Variationen (Ferree 2012, Wichterich 2012) von Frauenbewegungen hat sich der Plural klar durchgesetzt. Die WeiberWirtschaft ist in die Transformationen deutscher, europäischer und globaler Frauenbewegungen eingebettet. Für die westdeutsche Frauenbewegung spielte Autonomie eine große Rolle, was eine Distanzierung von Frauen in Parteien und Gewerkschaften beinhaltete. Mit der Gründung der Grünen und der Etablierung von Frauenbeauftragten und Frauen-Gleichstellungsstellen begann die Integration in die Institutionen, die nach dem Mauerfall noch intensiver wurde. Die Europäische Union und die UN-Frauenkonferenzen stellten transnationale Gelegenheitsstrukturen bereit, die für die Umsetzung frauenpolitischer Forderungen genutzt werden konnten (Ferree 2012, Wichterich 2012). Der Erfolg der Frauenbewegung, der sich in der gestiegenen Präsenz von Frauen in Politik und Wirtschaft und in Politiken, die die Vereinbarkeit von Familie und Beruf erleichtern sollen, zeigt, wird allerdings auch kritisiert. Vielfach wird auf die Affinität zwischen (liberalem) Feminismus und Neoliberalismus hingewiesen (Fraser 2009, Wichterich 2012). Die Forderungen von Frauenbewegungen nach Selbstbestimmung, Eigenständigkeit, individueller Freiheit und Autonomie

sind auf perfide Weise mit der Logik globalisierter Märkte kompatibel. Was ist damit gemeint?

Neoliberalismus beinhaltet die Verlagerung von Aufgaben, die zuvor vom Staat übernommen wurden, auf Privatwirtschaft und Zivilgesellschaft sowie eine Betonung von Eigenverantwortung und Effizienz. Dies trifft sich mit feministischen Forderungen nach Selbstbestimmung und eröffnet Möglichkeiten für Frauen-NGOs und Gender-Consultants. Kantola und Squires (2012) charakterisieren diese Veränderungen als Verschiebung von Staats- auf Marktfeminismus. Während es zu begrüßen ist, dass die Expertise und Leistungen von Feministinnen adäquat bezahlt werden,[3] beinhaltet die Angewiesenheit auf Projekt- und leistungsgebundene Förderung jedoch auch die Gefahr der Kooptation und Depolitisierung. Aber selbst wenn Gender Mainstreaming und Diversity mitunter eine Verwässerung feministischer Forderungen beinhalten können, so wechseln sich radikale Kritik und pragmatisches Handeln häufig in den politischen Biografien feministischer Aktivistinnen ab (Newman 2012, Roth 2013). Als feministische Organisation und reale Utopie ist die WeiberWirtschaft gut aufgestellt, Systemkritik zu üben und eine Alternative zu Entsolidarisierung von Emanzipationsinteressen darzustellen.

Zurück in die Zukunft

Im Buch ist die Zukunft mit der Generalversammlung im Jahre 2059 schon vorweggenommen. Ich bin sehr gespannt darauf, ob und in welcher Form die WeiberWirtschaft zu ihrem Ursprungsgedanken, der feministischen Geldwirtschaft, zurückkehren wird und die erwirtschafteten Überschüsse beispielsweise feministischen Projekten, alleinerziehenden Mieterinnen, Menschen und Unternehmen im Globalen Süden zur Verfügung stellen wird. Damit würde die WeiberWirtschaft über Marktfeminismus herausgehen und eine Alternative zu neoliberalen Praktiken darstellen, indem sie Frauen nicht nur ermöglicht, sich ökonomisch unabhängig zu machen, sondern indem sie zur Umverteilung von Ressourcen und Neubewertung unterschiedlicher Formen bezahlter und unbezahlter Arbeit beitragen würde.

Die WeiberWirtschaft ist eine „lernende Organisation", die Weiber setzen sich mit sich selbst und ihrer Umwelt auseinander und sind sehr gut darin, Know-how-Sponsoring zu finden. In der Tat, an der Vision und Umsetzung der WeiberWirtschaft sind alle Typen von Schlüsselfiguren sozialer Bewegungen beteiligt: die Vermittlerin, die Femokratin, die Wissensproduzentin, die Beraterin und – am wichtigsten – die Gründerin (Roth 2013).

---

2 Und nicht zuletzt Anteilseigentümerinnen, die die Genossenschaft weder für ihre Unternehmen nutzen oder dort wohnen noch in den Gremien beteiligt sind.

3 Davon profitiert ja auch der (immer noch recht) kleine Kreis festangestellter Wissenschaftlerinnen.

Literatur

Ferree MM (2012). *Varieties of Feminism: German Gender Politics in Global Perspective*. Stanford: Stanford University Press.

Ferree MM, Roth S (2001). *Klasse, Geschlecht und die Interaction von sozialen Bewegungen. Ein- und Ausgrenzungsdynamiken*. Berliner Debatte Initial 12(2): 79–92.

Ferree MM, Patricia Yancey M (Hrsg) (1995). *Feminist Organizations. Harvest of the New Women's Movement*. Philadelphia: Temple University Press.

Fraser N (2009). *Feminism, Capitalism and the Cunning of History*. New Left Review 56 (March-April): 97–117.

Kantola J, Squires J (2012). *From state feminism to market feminism?* International Political Science Review 33(4): 382–400.

Koppert C (Hrsg) (1993). *Glück, Alltag und Desaster. Über die Zusammenarbeit von Frauen*. Berlin: Orlanda Frauenverlag.

Martin PY (1990) *Rethinking Feminist Organizations*. Gender and Society 4(2): 182–206.

Mizzi RC (2013). *"There Aren't Any Gays Here": Encountering Heteroprofessionalism in an International Development Workplace*. Journal of Homosexuality 60(11): 1602–1624.

Naples NA (2013) *Sustaining Democracy: Localization, Globalization, and Feminist Praxis*. Sociological Forum 28(4): 657–681.

Neusüß C, Schambach G (2014). *Gender und Diversity als Erfolgsfaktoren für Genossenschaften*. In: Schröder C, Walk H (Hrsg). Genossenschaften und Klimaschutz. Wiesbaden: Springer VS; 285–298.

Newman J (2012). *Working the Spaces of Power. Activism, Neoliberalism and Gendered Labour*. London: Bloomsbury Academic.

Roth S (2013). *Alltag und Aktivismus – Schlüsselfiguren in Familie, Nachbarschaft und Arbeit*. Forschungsjournal Soziale Bewegungen 26(4): 43–51.

Wichterich C (2012). *Wie wir dahin kamen, wo wir sind. Frauenbewegungen als politische Handlungsobjekte zwischen Realpolitik und Systemveränderung*. Forschungsjournal Soziale Bewegungen 25(1): 32–42.

Wright EO (2013). *Transforming Capitalism through Real Utopias*. American Sociological Review 78(1): 1–25.

Auszug aus dem Protokoll der 69. Generalversammlung der WeiberWirtschaft eG 2059

TOP 2 Bericht des Vorstands

(...)

Gründerinnenzentren

Barcelona:
Das vor Barcelona schwimmende Gründerinnenzentrum hat die jüngste Flutwelle nach dem abrupten Abschmelzen eines nordischen Gletschers gut überstanden. Derzeit sind 95 Gründerinnen dort angesiedelt, die sich mehrheitlich gut entwickeln.

Istanbul:
Das türkische Unternehmerinnen- und Gründerinnenzentrum hat den Branchenschwerpunkt bei sozialen und technischen Dimensionen von Umwelt und Energie weiter ausgebaut. Die im Zentrum angesiedelten Firmen bilden vielfach die Schnittstelle zwischen Wissenschaft, Umweltaktivist_innen und Behörden und leisten einen wesentlichen Beitrag zur vorzeitigen Umsetzung der Null-Primärenergie-Null-Emmission-Klimaziele in Europa.

Kinderunternehmen[1]

Teamakademie für care & entrepreneurship
Die 2030 in ihrer jetzigen Form entwickelte Fortbildungseinrichtung, die aus dem Finanzalphabetisierungs-Kurs der 10er Jahre hervorgegangen ist, entwickelt sich gut. Die damals installierte mikro- und makroökonomische Perspektive auf die Start-ups im Bereich social entrepreneurship hat sich als richtungsweisend auch für andere Einrichtungen erwiesen. Als bedeutsam hat sich die konsequente Verbindung mit Werten und der Frage nach dem „guten Leben" erwiesen.

Auch 2058 sind wieder 200 Teamgründungen aus der Teamakademie hervorgegangen.

Intergenerationelles und inklusives Wohn- und Arbeitsprojekt Start-up 65+
25 % aller Gründer_innen sind mittlerweile älter als 65 Jahre. Jede der in unserem Projekt ansässigen „Silver-Founder" bekommt auf Wunsch eine Mentorin unter 35 Jahren aus dem Kreis der Genossenschaft vermittelt, um intergenerationelle Impulse zu erhalten.

Im Berichtsjahr ist wiederholt eine der Gründerinnen aus der Altersgruppe mit dem Preis „Spitzenunterneh-

1 Früher hieß es Tochterunternehmen, was in der alten geschlechterungerechten Sprache zum Ausdruck bringen sollte, dass der Konzernteil genau wie Töchter in einer patriarchalen Zeit weisungsgebunden bleiben sollte. Heute (2059) nutzen wir den neutralen Begriff: Kinderunternehmen.

merin des Jahres" ausgezeichnet worden. Die Weiber-Wirtschaft gratuliert!

Aus Berlin berichten drei intergenerationelle und inklusive Wohnprojekte, wie Wertschätzung von Unterschieden und Gemeinsamkeiten in Stärken und Schwächen gelebt werden kann. Die inklusiv betriebenen Kiezküchen sind eine wichtige Anlaufstelle für die Bewohner_innen und die Nachbarschaften.

Unternehmensbeteiligungen Landwirtschaft

Der Vorstand berichtet, wie im Geschäftsbericht im Detail ausgeführt, über eine positive Entwicklung der Aquakultur in Berlin-Tegel und der Imkerei in Woltersdorf. Lediglich der extensive Olivenhain in den Müggelbergen ist noch im Aufbau, eine langfristige Prognose auf den Erfolg dieses Projekts ist noch nicht möglich.

(...)

TOP 5 Beschlussfassung über die Verwendung des Jahresergebnisses des Wirtschaftsjahres 2058

Wie schon seit Jahren wurde die Bilanzierung auch für das Jahr 2058 analog der europaweiten BIP-Berechnung nach zwei Kriterien vorgenommen: finanzielle Bilanz und Ressourcenbilanz. Außerdem wird die Wirkung der WeiberWirtschafts-internen Tauschwährung Centippen bilanziert.

Finanzieller Überschuss

Die Generalversammlung beschließt, ein Drittel des Jahresüberschusses zur Ausschüttung zu bringen. Das entspricht einer Verzinsung der Geschäftsanteile mit ca. 3 %. Zwei Drittel des Jahresüberschusses sollen reinvestiert werden.

Ressourcenbilanz

Sowohl die CO_2- als auch die Wasser- als auch die Ressourcenbilanz aller Gründerinnenzentren sind in diesem Jahr positiv, nachdem alle Zentren mit Wärmetauschern aus dem Abwasser nachgerüstet wurden.

Centippen-Bilanz

Die WeiberWirschafts-eigene Tauschwährung Centippe wurde auch 2058 rege genutzt. Es ist ein Guthaben von 25.800 Stunden entstanden. Die Generalversammlung beschließt, diesen Zeitwohlstand in die Entwicklung der Kinderunternehmen zu reinvestieren.

TOP 11 Planung der außerordentlichen Generalversammlung in zwei Monaten

Die Erbschaft von 1 Milliarde Euro fordert die Genossenschaft heraus! Es finden sich drei Teams, die die geplante außerordentliche Generalversammlung vorbereiten, auf der in zwei Monaten über die Verwendung dieser Mittel entschieden werden soll.

Alle Genossenschafterinnen sind aufgerufen, sich in diese Debatte über die bekannten On- und Offlinekanäle einzuklinken!

Chronologie
der WeiberWirtschaft eG

1985

In ihrer Studie „Voraussetzungen, Schwierigkeiten und Barrieren bei Existenzgründungen von Frauen" im Auftrag des Westberliner Senators für Wirtschaft und Arbeit skizzieren die Autorinnen Dorothea Assig, Claudia Gather und Sabine Hübner erstmals die Vorteile eines Gründerinnenzentrums.

Januar 1987

Während des ersten Frauenarbeitskongresses in Westberlin unter dem Motto „Erwerbslosigkeit als Zukunft" wird die Idee eines selbstverwalteten Gründerinnenzentrums konkretisiert.

August 1987

Frauen aus Projekten, Betrieben, Wissenschaft und Existenzgründungsberatung gründen den Verein Weiber-Wirtschaft. Arbeitsschwerpunkt: Entwicklung eines Trägermodells für ein Gründerinnenzentrum, Mitgliederwerbung, Öffentlichkeitsarbeit.

April 1988

Der Verein bezieht gemeinsam mit anderen Frauenprojekten einen Büroraum in der Hasenheide 54 in Kreuzberg.

Oktober 1988

Der WeiberWirtschaft e. V. steigt – zunächst ohne Erfolg – in Grundstücksverhandlungen über Westberliner Gewerbeimmobilien ein.

Juli 1989

Der WeiberWirtschaft e. V. erhält ABM-Stellen für Projektmanagement und Öffentlichkeitsarbeit.

17. Dezember 1989

Gründungsversammlung der Frauengenossenschaft WeiberWirtschaft.

September 1990

Bezug eines eigenen Büroraums in der Herrmannstraße 229 in Neukölln.

Januar 1991

Bildung eines Büroteams. Zwei Stellen können über die Anschubfinanzierung des Senats Berlin, Abteilung Frauen, finanziert werden.

April 1991

Erste Generalversammlung der WeiberWirtschaft eG in Gründung.

Mai 1991

Die Treuhandanstalt sieht sich nach dem Protest Hunderter Frauen dazu gezwungen, in Grundstücksverhandlungen mit der WeiberWirtschaft eG einzusteigen. Die Verhandlungen über die ersten zwei Grundstücke sind aber zunächst nicht erfolgreich.

Januar 1992

Die WeiberWirtschaft wird ins Genossenschaftsregister eingetragen.

März 1992

Die WeiberWirtschaft steigt in Kaufverhandlungen mit der Treuhandanstalt über den Gewerbekomplex des ehemaligen VEB Berlin Kosmetik in Berlin-Mitte ein.

13. Oktober 1992

Unterzeichnung des Kaufvertrages über die Grundstücke Anklamer Straße 38-40. Das Investitionskonzept bündelt Wirtschaftsfördermittel (GA-Mittel), Darlehen der Stadterneuerungsprogramme, Bankkredite und das Eigenkapital der inzwischen über 300 Mitglieder starken Genossenschaft.

Mai 1993 bis April 1994

Durchführung einer Qualifizierungsmaßnahme für Existenzgründerinnen, gefördert durch das EU-Programm NOW.

November 1993

Start der Umbau- und Sanierungsarbeiten, Bauphase 1.

September 1994

Fertigstellung der ersten Bauphase und Einzug der ersten Mieterinnen ins Vorderhaus.

Juni 1995

Dachfest zur Rohbaufertigstellung des 2. Bauabschnitts (Hofgebäude).

Oktober 1995

Richtfest für den Neubau mit drei Ladengeschäften und dreizehn Sozialwohnungen.

Mai 1996

Eröffnung des ersten Eigenbetriebs, des Tagungsbereichs.

September 1996

Abschluss der Bauphasen 3 und 4. Gesamteröffnung des Gründerinnenzentrums.

Juni 1998

Zum ersten Mal findet im Gründerinnenzentrum ein Hofkonzert anlässlich der Fête de la Musique statt. Rund 1.000 Besucher_innen finden den Weg zum Open-Air-Konzert mit Weltmusik.

Herbst 1998

Auf rd. 40 % der Gesamtfläche werden Raumluftkontaminationen aus einem Baustoff der Vorkriegszeit festgestellt, es handelt sich um naphtalinhaltige Teerpappe in den Geschossdecken.

Frühjahr und Sommer 1999

Betroffene Mietparteien müssen in andere Räume umziehen. Zur Ko-Finanzierung der Altlastensanierung zeichnen rd. 500 Frauen rd. 2.000 neue Genossenschaftsanteile. Die Baukosten, die Umzüge der betroffenen Mietparteien und das Bewirtschaftungsdefizit der Genossenschaft während der Bauphase werden durch öffentliche Mittel bezuschusst.

Oktober 1999 bis Juni 2000

Durchführung der Altlastensanierung. Der belastete Baustoff in den Geschossdecken wird entfernt.

April 2000

Das KLÄRWERK, das interne institutionalisierte Beschwerdemanagement der WeiberWirtschaft, geht an den Start.

Juni 2000

Beginn einer neuen Vermietungskampagne. Bis zum Jahresende sind die Gebäude wieder zu nahezu 80 % ausgelastet.

März 2001

Auf der „2. Tagung der Frauengewerbe- und Gründerinnenzentren" im Tagungsbereich schließen sich elf Gründerinnenzentren aus ganz Deutschland zu einem bundesweiten Netzwerk zusammen.

Oktober 2001

Die Milchmädchen-Tarife werden eingeführt. Seither erhalten Gründerinnen besonders günstige Mietpreise im ersten Mietjahr.

Januar 2002

Die Kampagne „WeiberWirtschaft freikaufen!" beginnt. Die fortschreitende Entschuldung des Gründerinnenzentrums kann frau seither daran ablesen, wie viele Räume schon einer prominenten Frau aus Geschichte, Sport, Fiktion oder den eigenen Reihen gewidmet sind.

April 2002

Die WeiberWirtschaft bespricht erstmals mit der Staatssekretärin für Wirtschaft des Landes Berlin die Idee eines Kompetenzzentrums für Gründerinnen. Daraus entsteht vier Jahre später die Gründerinnenzentrale.

2002: Besuch von Wirtschafts- und Frauensenator Gregor Gysi

Oktober 2002

Anlässlich des zehnten Jahrestages der Kaufvertragsunterzeichnung wird die erste Gewerbeeinheit mit 95 qm Größe symbolisch von Bankkrediten entschuldet und auf den Namen der Frauenrechtlerin Lida Gustava-Heymann umgetauft. Bis 2014 werden 24 weitere Flächen „freigekauft".

April 2003

Die WeiberWirtschaft richtet erstmals und seither jährlich eine Infoveranstaltung eigens für die weiblichen Teilnehmer des Businessplanwettbewerbs Berlin-Brandenburg aus.

Foto: Konscha Schostak

2003: Claudia Neusüß bei den Feierlichkeiten zum Freikauf der ersten Gewerbeeinheit Lida Gustava-Heymann

Januar 2004

Auf einer Fachtagung der Unternehmerinnen- und Gründerinnenzentren in der WeiberWirtschaft tragen die Fachfrauen ihr Know-how zusammen, um weitere Zentrumsgründungen zu begünstigen.

Oktober 2004

Anerkennungspreis des Naturschutzbundes Deutschland (NABU) für das ökologische Gesamtkonzept.

Foto: Stefanie Hirsch

2004: Verleihung des NABU-Baupreises

März 2005: Enthüllung einer Hinweistafel durch die Staatssekretärin der Berliner Senatsverwaltung für Stadtentwicklung, Helga Dunger-Löper

Foto: Konscha Schostak

2006: Sabine Nehls, Katja von der Bey und Sabine Smentek nehmen die Auszeichnung „Land der Ideen" entgegen

2006: Pressekonferenz mit der Leiterin der bundesweiten gründerinnenagentur (bga) Iris Kronenbitter (Mitte) und Wirtschaftssenator Harald Wolf

Februar 2005

Präsentation des „Handbuches für die erfolgreiche Konzeptionierung und Realisierung von Unternehmerinnen- und Gründerinnenzentren" (gefördert durch das Bundesministerium für Familie, Senioren, Frauen und Jugend). www.frauengewerbezentren.de

8. März 2005

Abschluss der ersten ökologischen Gewerbehofsanierung in Berlin. Das Ergebnis kann sich sehen lassen: Die Energiekosten in der WeiberWirtschaft betragen nur 50 % der Kosten in konventionell sanierten Objekten.

Juni 2005

Erweiterung der Kindertagesstätte in der WeiberWirtschaft von 45 auf 69 Betreuungsplätze. Die WeiberWirtschaft befindet sich in der geburtenstärksten Nachbarschaft Europas.

September 2005

Der Aufsichtsrat der WeiberWirtschaft arbeitet die Grundregeln des Corporate Governance Kodex in seine Geschäftsordnung ein.

Oktober 2005

Die WeiberWirtschaft gewinnt den Landespreis Berlin beim Wettbewerb „Mutmacher der Nation".

Januar 2006

Endlich wird der seit 2002 verfolgte Plan Wirklichkeit: Eröffnung der Gründerinnenzentrale in der WeiberWirtschaft, die Orientierungsberatung für Gründerinnen anbietet. www.gruenderinnenzentrale.de

April 2006

Die WeiberWirtschaft wird einer der ausgezeichneten Orte in der Kampagne „Land der Ideen".

Juli 2006

Die WeiberWirtschaft wird Regionalverantwortliche für Berlin der bundesweiten gründerinnenagentur. www.gruenderinnenagentur.de

Dezember 2006

Die bga-Broschüre „Potenziale der Genossenschaften für Gründerinnen" aus der Feder der Vorstandsfrauen Katja von der Bey und Christina Zech erscheint und wird auf einer Konferenz im März vorgestellt.

April 2007

Start des small business mentoring-Programms für Berlin im Auftrag der bundesweiten gründerinnenagentur (bga). Sieben Tandems von Unternehmensgründerinnen und erfolgreichen Unternehmerinnen arbeiten ein Jahr lang zusammen.

Unternehmerinnentag 2006

Mai 2007

Auf der Generalversammlung wird eine sogenannte Balanced Score Card, ein Zielbaum, für die WeiberWirtschaft vorgestellt und beschlossen, der die Arbeit seither strukturiert.

Oktober 2007

Die bga-Broschüre „Good-Practice-Beispiele von Gründerinnen-/Unternehmerinnenzentren" aus der Feder der Vorstandsfrauen Katja von der Bey und Christina Zech erscheint.

Girls' Day 2007

Januar 2008

Die WeiberWirtschaft gewinnt den Wettbewerb des Bezirks Berlin-Mitte und wird zum „Familienfreundlichen Betrieb Berlin-Mitte" ernannt.

April 2008

Im Rahmen eines ESF-Programms und im Auftrag von Fachhochschule für Wirtschaft und WeiberWirtschaft untersucht eine Forschungsassistenz die Gründungsmotivation hochqualifizierter Frauen und entwickelt Praxisempfehlungen für Fördermaßnahmen.

Dezember 2008

Das Land Berlin erhält für die WeiberWirtschaft eG den „Preis der Regionen" des Kongresses der Gemeinden und Regionen des Europarats. Die Auszeichnung wird für die „Förderung des sozialen Zusammenhalts durch wirtschaftliche Entwicklung" vergeben.

2008: Verleihung des „Preises der Regionen" in Strasbourg mit der Berliner Staatssekretärin Almuth Nehring-Venus

2009: Erster „Marktplatz WeiberWirtschaft"

2011: Besuch von Familienministerin Ursula von der Leyen

2011: Antje Ripking und Margrit Zauner besuchen ein
Partnerprojekt in Catania (Italien)

März 2009

Auf der ersten Messe „Marktplatz WeiberWirtschaft"
präsentieren und verkaufen Existenzgründerinnen ihre
Produkte.

Oktober 2009

Das WeiberWirtschafts-Büro zieht von der „Claudia
Gather Büroeinheit" im Vorderhaus in die größere
„Christine de Pizan Gewerbeeinheit" gegenüber vom
Tagungsbereich: endlich ein Besprechungsraum! In ge-
nau diesen Räumen residierte das Team auch schon
in der 1. Bauphase 1993/94.

Dezember 2009

Auf dem Altbau-Vorderhaus wird eine zweite
Photovoltaik-Anlage installiert.

Juni 2010

Gründerinnenzentrale und WeiberWirtschaft starten
zusammen das von nun an jährlich durchgeführte
Mentoringprogramm „Push up" für Gründerinnen. Als
Mentorinnen werden erfahrene Unternehmerinnen aus
dem Netzwerk der WeiberWirtschaft gewonnen.

September 2010

Die Vermietungsauslastung liegt ab jetzt anhaltend bei
100 % und die Warteliste wird immer länger.

September 2011

Die WeiberWirtschaft übernimmt die Her-
ausgeberinnenschaft des Branchenbuchs
FrauenUNTERNEHMEN Berlin und Umland.
Die erste Ausgabe 2011/12 erscheint noch
als gedrucktes Exemplar, seit 2014 wird
das Branchenbuch nur noch im Web
weitergeführt.
www.frauenunternehmen-berlin.de.

Dezember 2011

Die WeiberWirtschaft wird mit dem Innovationspreis
der SPD ausgezeichnet.

Juni 2012

Die WeiberWirtschaft plant in Zusammenarbeit mit dem Goldrausch e. V. ein
eigenes Mikrokreditangebot für ihre Genossenschafterinnen und startet deshalb
eine neue Kampagne zur Einwerbung von
300 Geschäftsanteilen „Aus Eins mach
Fünf hoch X". Die Kampagne „Mehr
Mikrokredite für Frauen" startet.

Frühjahr 2013

Der erste WeiberWirtschafts-Mikrokredit wird vergeben!

März 2013

Die Geschäftsführerin der WeiberWirtschaft, Katja
von der Bey, wird mit dem Berliner Frauenpreis ausgezeichnet.

November 2013

Im Auftrag der bundesweiten gründerinnenagentur
entwickelt die WeiberWirtschaft ein Fortbildungsformat:
„Germany's Next Erfolgsmodell: Chefin werden!" für
Stipendiatinnen des Studienförderwerks Klaus Murmann.

Mai 2014

Ein Team von ehrenamtlichen Fachfrauen beginnt mit
der Entwicklung eines Fortbildungsformats zum Thema
Finanzen und Geld für Frauen.

Sommer 2014

Das Modellprojekt FrauenUNTERNEHMEN green economy
von Life e. V. und WeiberWirtschaft wird mit der Publikation des Leitfadens „Grün. Gerecht. Gestalten" zum
grünen und sozial gerechten Gründen abgeschlossen.

2013: Vorstellung der WeiberWirtschaft bei einer Unterneh-
merinnen-Konferenz im ungarischen Parlament

2013: Seminar „Germany's Next Erfolgsmodell"

2014: Workshop mit Fachfrauen zum Thema Geld

Gewählte Gremienvertreterinnen der WeiberWirtschaft eG

Dr. Delal Atmaca, Vorstandsfrau 2000–2003, Aufsichtsrätin 2003–2009

Nadja Bartsch, Vorstandsfrau seit 2004

Dr. Iris Bautz, Aufsichtsrätin 1998–2000

Tanja Berger, Aufsichtsrätin seit 2009

Dr. Katja von der Bey, Aufsichtsrätin 1994–1997, Vorstandsfrau seit 1997

Sonja Brandt, Aufsichtsrätin 1996

Carola von Braun, Aufsichtsrätin 1994–1997

Prof. Dr. Claudia von Braunmühl, Aufsichtsrätin 1989–1993, 1994–1995

Ricarda Buch, Vorstandsfrau 1989–1991, Aufsichtsrätin 1991–1992

Ute Bychowski, Aufsichtsrätin 1989–1993

Christel Dietsche, Aufsichtsrätin 1993–1994

Annette Farrenkopf-Gruner, Aufsichtsrätin seit 2011

Laura Gallati, Aufsichtsrätin 1998–2003

Christina de Graaf (geb. Zech), Vorstandsfrau seit 2004

Prof. Dr. Claudia Gather, Aufsichtsrätin 1989–1992, Vorstandsfrau 1992–1997, Aufsichtsrätin 1997–2004

Lisa Griesehop, Aufsichtsrätin 2000–2003

Christine Hannemann, Aufsichtsrätin 1993–1994

Ines Hecker, Aufsichtsrätin seit 2006

Sabine Hübner, Vorstandsfrau 1989–1992, Aufsichtsrätin 1992–1996

Vera Kätsch, Vorstandsfrau 2000–2004, Aufsichtsrätin 2004–2011

Anna Sieglinde Klöpfer, Aufsichtsrätin 1996–1999

Lene König, Aufsichtsrätin seit 2011

Dr. Petra König, Aufsichtsrätin 2003–2012

Orsine Mieland, Aufsichtsrätin seit 2011

Gertraud Müller, Aufsichtsrätin 1992–1993

Melanie Nassauer, Aufsichtsrätin 1993–1994

Sabine Nehls, Aufsichtsrätin 2000–2006

Dr. Stephanie Neumann, Aufsichtsrätin 2003–2006

Dr. Claudia Neusüß, Aufsichtsrätin 1989–1992, Vorstandsfrau 1992–1996, Aufsichtsrätin 1996–2006

Dr. Lisa Pfahl, Aufsichtsrätin 1998–2000

Sabine Pietsch, Aufsichtsrätin 2003–2006

Ute Rostock (geb. Schlegelmilch), Vorstandsfrau und Geschäftsführerin 1991–2000

Isabel Rothe, Aufsichtsrätin 1994–2003

Eva Schabedoth, Aufsichtsrätin seit 2011

Dr. Andrea Schirmacher, Vorstandsfrau seit 2004

Gudrun Schwonke, Vorstandsfrau 1989–1991

Suzanne Seeland, Aufsichtsrätin 1989–1993

Heike Skok, Vorstandsfrau 1991–1992

Sabine Smentek, Aufsichtsrätin 1996–1997, Vorstandsfrau 1997–2000, Aufsichträtin 2000–2012

Monika Wienbeck, Aufsichtsrätin 2006–2008

Waltraud Wolf, Aufsichtsrätin 1993–1994

Margrit Zauner, Aufsichtsrätin seit 1997

Autorinnen und Gesprächspartnerinnen

Alber, Gotelind, geb. 1955, Diplomphysikerin, lebt in Freiburg, als sie das erste Mal von der WeiberWirtschaft hört. Damals arbeitet sie als Wissenschaftlerin beim Öko-Institut und später als Geschäftsführerin beim Klima-Bündnis der europäischen Städte. 2006 macht sie sich im Bereich „Energie und Klima" selbständig und bezieht einen Raum im 2. Hof (Mitgliedsnummer 1802). Sie gründet das Netzwerk GenderCC, das dort mit einzieht. Später wechselt sie zusammen mit dem Netzwerk ins Vorderhaus in eine Bürogemeinschaft. Sie findet es schöner, in einem Frauenzusammenhang tätig zu sein, schätzt die Vielfalt im Hof und hat heute mit verschiedenen Unternehmerinnen Kontakt. War die WeiberWirtschaft zunächst für sie ein Frauenprojekt unter vielen, fühlt sie sich heute „hier zu Hause". Das Ökologische war zu Beginn fast selbstverständlich, heute sieht sie in dem Bereich „Luft nach oben". Sie ist tätig als Expertin und Trainerin im Bereich nachhaltige Energie und Klimapolitik mit den Schwerpunkten Multilevel Governance und Gender. www.gotelind-alber.eu, www.gendercc.net

Bartsch, Nadja, geb. 1964, zwei Kinder, nach Abitur, Ausbildung zur Bankkauffrau und Fachhochschulstudium zur Dipl. Kauffrau arbeitet sie schon während des Studiums am Aufbau und in der Leitung der Berliner Agentur der Ökobank. Wirtschaft interessiert sie als eine von drei Schwestern auch, weil ihr Umfeld findet, Wirtschaft sei Männersache. Zunehmend interessiert sie die Frage, wie Wirtschaft anders aussehen könnte und welche Möglichkeiten die Rechtsform Genossenschaft bietet. 1997 steigt sie beruflich in die WeiberWirtschaft ein (Mitgliedsnummer 1034) und kümmert sich bis 2003 als Mitarbeiterin um die Genossenschaftsverwaltung, seither widmet sie sich hauptberuflich ihren Kindern. 2004 wird sie in den ehrenamtlichen Vorstand gewählt und ist dort als eine von insgesamt vier Vorstandsmitgliedern bis heute tätig.

von der Bey, Katja, Jahrgang 1962, studiert Kunstgeschichte, Geschichte und Philosophie, beschäftigt sich mit feministischen Strategien in der Ästhetik, versucht sich einige Jahre neben dem Studium als selbständige Galeristin und finanziert sich durch einen handfesten Sachbearbeiterinnenjob in der Immobilienbranche – eine typische Westberliner Studentin eben. Mit der Immobilien-Kernkompetenz gerät sie um 1990 in den Radar der WeiberWirtschafts-Gründerinnen und lässt sich sofort

begeistern. Als Genossenschafterin Nr. 310 tritt sie der Genossenschaft bei und findet hier die nach ihrem Geschmack genau richtige Mischung aus selbstbestimmtem Feminismus und Aktivismus. 1994 wird sie in den Aufsichtsrat gewählt, 1996 wechselt sie in den Vorstand und übernimmt nach ihrer Promotion 1999 die Geschäftsführung – mitten in der Altlastenkrise. Es ist ein Job für eine Generalistin: Personalführung, Ausbildung, Öffentlichkeitsarbeit, Instandhaltungsplanung, Vernetzung, Repräsentation, Fundraising, Betreuung der Ehrenamtlichen, Vermietung, Projektentwicklung, Finanzplanung und in den ersten Jahren manches Mal auch Tassen spülen im Tagungsbereich ... Ihr wird nachgesagt, dass sie Bilanzen in eine allgemein verständliche Sprache übersetzen kann.

Buch, Ricarda, (geb. 1950), ist eine der Gründungsmütter der WeiberWirtschaft. Es ist ihre Idee, einen Geldkreislauf zugunsten von Frauenprojekten durch Grundbesitz zu initiieren. Im von ihr mitgegründeten WeiberWirtschaft e. V. arbeitet sie als erste Hauptamtliche an der Konzeption für ein Gründerinnenzentrum. 1989–1991 wird sie in der Gründungsphase der Genossenschaft als geschäftsführende Vorstandsfrau gewählt (Mitgliedsnummer 8). Ihr leidenschaftliches Herz für den Genossenschaftsgedanken und ihr Wissen um die Geschichte von (Frauen-)Genossenschaften hat maßgeblich dazu beigetragen, diese Rechtsform zu nutzen und eine Genossenschaft zu gründen. Dem Gedanken Frauenbetriebe zu fördern bleibt sie auch in der Folge treu, u. a. im Rahmen ihrer Tätigkeit als wissenschaftliche Mitarbeiterin der REA – der Regionalen Entwicklungsagentur für Frauenbetriebe und -projekte e. V. Im beruflichen Verlauf bekommen interkulturelle, pädagogische Themen und Aktivitäten im Bereich Inklusion einen größeren Stellenwert. Seit 2004 ist sie Geschäftsführerin des Migrantinnenvereins Nadeshda e.V. und hat u.a. Deutschkurse und Projekte mit hörbehinderten Migrantinnen und Migranten gestartet. www.ricardabuch.de

De Pasquali, Odette, Jahrgang 1973, Eigentümerin von Lotus Transfers International, vertreibt Thermotransferpressen, Schneide- und Digitaldruckplotter und Plotterfolien für den Textildruck. Gebürtige Italienerin, seit 2002 Mieterin der WeiberWirtschaft (Mitgliedsnummer 1557). „Als ich herkam, habe ich gedacht, dass ich im Paradies gelandet bin – ich habe mir viele Gewerbehöfe in Berlin angeschaut, das ist genau, was ich brauche, gute Stimmung, tolles Netzwerk, perfekter Standort, da habe ich echt Glück gehabt." 2008 muss sie fast ausziehen, weil ihr Unternehmen wächst und mehr Raumbedarf hat, kann dann doch bleiben, als zusätzlich Lagerräume im Haus für sie frei werden. „Meine Mitarbeiterinnen leben um die Ecke, es hat so viele Vorteile, hier zu sein: zentral und gut erreichbar für Kundinnen und immer wieder gute Kontakte und Austauschmöglichkeiten mit den anderen Mieterinnen. Es macht Spaß und Laune, hier zu arbeiten!". www.lotustransfers.com

Gather, Claudia, geb. 1956, ist heute Professorin für Sozialwissenschaften mit dem Schwerpunkt Ökonomie und Geschlechterverhältnisse an der Hochschule für Wirtschaft und Recht (HWR) Berlin. Sie ist Redakteurin der interdisziplinären Zeitschrift *Feministische Studien*, Direktorin des Harriet Taylor Mill-Instituts an der HWR und Mitbegründerin der Frauen-Genossenschaft WeiberWirtschaft (Mitgliedsnummer 2). Ihre Forschungsschwerpunkte liegen in den Bereichen Selbständigkeit von Frauen und prekäre Arbeitsverhältnisse.

Claudia Gather ist eine der Gründungsmütter der Genossenschaft. 1985 verfasst sie gemeinsam mit Sabine Hübner und Dorothea Assig eine Studie, die die Lage von Existenzgründerinnen untersucht und den Aufbau eines Gründerinnenzentrums in Westberlin empfiehlt. Sie wird 1987 Mitglied des Gründungsvorstands des Vereins, 1989 der eG und später Aufsichtsrätin. Im Jahr 2004 widmet ihr eine Generalversammlung die oberste Etage im Vorderhaus. Bis heute ist Claudia Gather immer wieder eine wichtige wissenschaftliche Kooperationspartnerin und Inspirationsquelle, um belastbare empirische Daten aus Gender-Perspektive aufzubereiten und neue Debatten in und mit der Genossenschaft anzuregen. In jüngster Zeit ist der von ihr beschriebene Gender Income Gap von Selbstständigen und Unternehmerinnen (Frauen verdienen ca. 34 % weniger als Männer) Gegenstand vieler Diskussionen über geeignete Strategien, den Gap zu schließen. www.hwr-berlin.de/fachbereich-wirtschaftswissenschaften/kontakt/personen/detail/claudia-gather/ www.harriet-taylor-mill.de

Hübner, Sabine, geb. 1950, Diplom-Volkwirtin. Als Politikberaterin ist sie 1985 Mit-Autorin einer Studie über Voraussetzungen, Schwierigkeiten und Barrieren bei Existenzgründungen von Frauen. Die Autorinnen empfehlen der Senatsverwaltung für Wirtschaft, Existenzgründungen von Frauen u. a. durch Vorbilder und Synergieeffekte zu fördern – am besten in Form eines Gründerinnenzentrums in Frauenhand. Vom Wort zur Tat: 1987 ist Hübner Gründungsmitglied des WeiberWirtschaft e. V., 1989 Gründungsmitglied der WeiberWirtschaft eG mit der Mitgliedsnummer 11, bis 1992 Vorstandsmitglied, bis 1996 Aufsichtsrätin. An der Technischen Universität (TU) Berlin verfolgt Sabine Hübner im Projekt „Frauen und Technik" Ende der 80er Jahre das Anliegen, gewerblich-technische Berufe für Frauen zu erschließen. 1991 geht sie als Referatsleiterin nach Brandenburg in das Ministerium für Arbeit, Soziales, Gesundheit und Frauen (MASGF) und ist dort verantwortlich für die Förderung der Erwerbstätigkeit und Bekämpfung der Arbeitslosigkeit von Frauen. Zuletzt verbindet sie in Brandenburg die Funktion der Landesgleichstellungsbeauftragten mit der Leitung der Abteilung „Gleichstellung, Zentrale Dienste, Bescheinigungsbehörde". Seit Oktober 2014 ist sie Leiterin der Abteilung Arbeit und Fachkräfteentwicklung im schleswig-holsteinischen Wirtschaftsministerium. Anständige Arbeitsplätze für Frauen zu schaffen ist Sabine Hübner auch praktisch ein Anliegen, z. B. als Mitgründerin und Gesellschafterin des Berliner Reinigungsunternehmens Putzmunter. Ihrem Hang zu ironischen Wortspielen verdankt die WeiberWirtschaft ihren Namen.

Hüskes, Elo, geb. 1960, freiberufliche Grafik-Designerin, seit 1994 Genossenschafterin mit der Nummer 794. In den Zeitraum der Gründung der WeiberWirtschaft fällt auch ihr Startschuss in die Freiberuflichkeit. Sie hilft bei der Visualisierung von Inhalten und ist für Genossenschaften, öffentliche Institutionen und im Kulturbereich tätig. „Ich wollte immer unabhängig sein, nicht ins Nine-to-five-Schema eingezwungen werden, auch um Job und Kinder adäquat unter einen Hut zu bringen. Freiberuflichkeit ohne Netzwerk ist jedoch nicht möglich, das gilt für Männer und für Frauen gleichermaßen. Meine berufliche Existenz wäre und ist ohne Unterstützung von Frauen nicht denkbar." www.elohueskes.de

Nehls, Sabine, geb. 1940, Genossenschafterin Nr. 423. Will mit sechs Jahren Lehrerin, Tänzerin oder Friseuse werden und stellt ihrer Mutter gegenüber fest „Frauen sind Frauen, wir halten zusammen". Gegenüber den frühen Plänen wird sie nach Abitur und kauffrauischer Ausbildung zehn Jahre im Verlagswesen tätig. Während der Familienphase Arbeit als Honorarreferentin in der politischen Bildung und aktive Bundes- und Kommunalpolitikerin. Ab 1984 Mitarbeiterin bei der Senatsfrauenbeauftragten in Berlin. Ab 1987 im Dienst der Landesregierung Niedersachsen in Hannover, zuletzt als stellvertretende Abteilungsleiterin und Referatsleiterin im Sozialministerium mit den Arbeitsschwerpunkten Arbeitsmarkt, Frauen im Beruf und Existenzgründungen von Frauen. Mitte 2000 Rückkehr nach Berlin und im „Un"-Ruhestand verschiedene ehrenamtliche Tätigkeiten, u. a. in der Europäischen Akademie für Frauen in Politik und Wirtschaft (EAF Berlin), Aufsichtsrätin in der WeiberWirtschaft, Vorstand der Gründerinnenzentrale und Lesepatin in Berlin-Neukölln. Mit heute 75 Jahren stellt sie fest: „Die Berufswünsche haben sich geändert, die feministische Aussage allerdings ist geblieben."

Neusüß, Claudia, geb. 1961, studiert Politikwissenschaft, Psychologie und Wirtschaftsgeografie und sammelt in den 80er Jahren erste unternehmerische Erfahrungen als Mitglied eines diskussionsfreudigen Kneipenkollektivs in Berlin-Kreuzberg. Sie schließt sich einer Gruppe kritischer Wissenschaftlerinnen und Feministinnen an, die über alternative Wege in der Ökonomie nachdenken, ein Weg, der schließlich – auch mangels Resonanz im universitären Raum – raus in die Praxis führt. 1987 wird sie Gründungsmitglied des WeiberWirtschaft e. V. und Mitglied des Vorstands, 1989 Gründungsmitglied der WeiberWirtschaft eG (Mitgliedsnummer 16), Vorstandsmitglied bis zur Gesamteröffnung des Gründerinnenzentrums 1996. Im Anschluss wird sie Mitglied des Aufsichtsrats und scheidet 2006 nach 20 Jahren ehrenamtlicher Tätigkeit aus der Arbeit in Gremien aus. Die Genossenschaftsversammlung widmet ihr 2006 das Foyer im Tagungsbereich. 1996 wechselt sie (bis 2002) in den geschäftsführenden Vorstand der Grünen-nahen Heinrich-Böll-Stiftung. 2003–2010 wird sie ehrenamtliche Vorstandsvorsitzende der Frauenorganisation OWEN e. V., der Mobilen Akademie für Geschlechterdemokratie und Friedensförderung. Im Jahr 2003 macht sie sich im Gründerinnenzentrum der WeiberWirtschaft mit ihrem Projektbüro Vollzeit-selbständig, www.claudia-neusuess.com. Sie hält Kontakt mit Wissenschaft und Hochschule im Rahmen von Dozenturen und Gastprofessuren, u. a. an der TU Berlin im Bereich Wirtschaft und Management oder dem Rosa-Mayreder-College in Wien und fokussiert u. a. auf das Thema „Social Entrepreneurship". Gründungen bleiben ihre Leidenschaft. Seit 2010 ist sie gemeinsam mit Carolin Gebel geschäftsführende Gesellschafterin der im Gründerinnenzentrum der WeiberWirtschaft ansässigen compassorange GmbH, einer Agentur für zeitgemäße Personal- und Organisationsentwicklung. In diesem Rahmen ist Claudia Neusüß heute als Senior-Beraterin, Moderatorin und Coach tätig. www.compassorange.de

Plogstedt, Sibylle, Dr. phil., Jahrgang 1945, ist seit Jahrzehnten als freie Journalistin tätig, macht Filme, arbeitet für den Hörfunk und ist Autorin mehrerer Sachbücher. Sie studiert an der Freien Universität (FU) Berlin Soziologie und ist Mitglied des SDS. Sie ist 1969–1971 in Prag politisch in Haft und erhält in 1974 Westberlin Berufsverbot. 1976 gründet sie die Berliner Frauenzeitung *Courage*. Sie forscht u. a. im Auftrag des Bundesministeriums für Jugend, Familie, Frauen und Gesundheit zum Thema „Sexuelle Belästigung am Arbeitsplatz". Für ihr Buch „Knastmauke – Das Schicksal der politischen Häftlinge der DDR nach der Wiedervereinigung" erhält sie 2011 den „Bürgerpreis zur Deutschen Einheit" der Bundeszentrale für politische Bildung. Zuletzt veröffentlicht sie: „Wir haben Geschichte geschrieben – Zur Arbeit der DGB-Frauen (1945–1990)". 2015 erscheint: „‚Mit vereinten Kräften!' –

Zur Gleichstellungsarbeit der DGB Frauen in Ost und West (1990–2010)". Sibylle Plogstedt erhält die Hedwig-Dohm-Urkunde des Journalistinnenbundes für ihr Lebenswerk.

Rostock (geb. Schlegelmilch), Ute, geb. 1958, BWL-Studium in Berlin, Schwerpunkt Arbeit und Produktion, direkt nach Beendigung des Studiums engagiert sie sich in der WeiberWirtschaft, wird Mitglied des Vorstands und hauptamtliche Geschäftsführerin der Genossenschaft in der Kauf- und Bauphase (Genossenschafterin Nr. 61). Gereizt hat sie die Kombination aus Frauen und Wirtschaft, Frauen und Finanzen, die soziale Komponente, aber auch der Reiz des Neuen und die Gelegenheit zu einer echten „Großbaustelle". 2000 verabschiedet sie sich von der WeiberWirtschaft und zieht aufs Land, um von dort aus unternehmerisch tätig zu sein und um Zeit für Garten, Tiere, Wandern, Langlauf, Pilates und Schwimmen im See zu haben. www.canoes.de

Roth, Silke, geb. 1962, Genossenschafterin Nr. 425, seit 1992 Mitglied der WeiberWirtschaft, hat in Bonn, Berlin und Storrs (CT/USA) studiert. Nach Weimar und Philadelphia forscht und lehrt sie heute in Southampton (UK). Sie interessiert sich für bezahlte und unbezahlte Arbeit und deren Verhältnis zu sozialem Wandel und Selbstverwirklichung. Diese Fragen untersucht sie in biografischer Perspektive im Kontext von Ehrenamtlichkeit, sozialen Bewegungen, Entwicklungszusammenarbeit und humanitärer Hilfe. Sie hat einen Garten, Teilzeitkatzen und hört gern Musik.
www.southampton.ac.uk/sociology/about/staff/sroth.page

Rothe, Isabel, geb. 1963, Genossenschafterin Nr. 135, ist bis 2003 im Aufsichtsrat der WeiberWirtschaft und hat dort die Rolle der „Frau aus der Industrie" – mit besonderem Blick für die wirtschaftlichen Belange – inne. Als Arbeitspsychologin ist es ihr Kernanliegen, (wirtschaftliche) Rahmenbedingungen für gute Arbeit zu schaffen. Sie ist insgesamt 15 Jahre im Schering-Konzern tätig und hat dort die Chance, qualifizierende Arbeitsgestaltung, insbesondere im Bereich der industriellen Frauenarbeit, umzusetzen. Zudem übernimmt sie Managementverantwortung u. a. als Geschäftsführerin der Jenapharm. Heute ist sie Chefin der Bundesanstalt für Arbeitsschutz und Arbeitsmedizin und engagiert sich für einen modern interpretierten Arbeitsschutz, der gute Arbeit nicht von der Stange bietet, sondern die Vielfalt unterschiedlicher Arbeits- und Lebensbedingungen mit berücksichtigt.

Schirmacher, Andrea, geb.1971, lernt die WeiberWirtschaft im Rahmen ihres Promotionsprojektes kennen und wird Genossenschafterin Nr. 1540. Die Sozialwissenschaftlerin beschäftigt sich mit Möglichkeiten der Wirtschaftspolitik, um Gründerinnen durch Unternehmerinnenzentren zu fördern. Ihr gefällt das Konzept der Genossenschaft so gut, dass sie 2004 für den Vorstand kandidiert und gewählt wird. Seitdem ist sie ehrenamtliche Vorstandsfrau der WeiberWirtschaft. Hauptberuflich leitet sie seit 2006 zusammen mit Antje Ripking die Gründerinnenzentrale in der WeiberWirtschaft. Als Erstanlaufstelle ermutigt die Gründerinnenzentrale Frauen, ihre Zukunftsvisionen ernst zu nehmen und alle Fragen im Zusammenhang mit einer Existenzgründung genau zu prüfen und weiterzudenken. www.gruenderinnenzentrale.de

Schostak, Konscha, geb. 1960, befindet sich auf Ateliersuche, als sie in den frühen 90ern von der WeiberWirtschaft über eine Bekannte hört. Sie ist rasch fasziniert von der Idee eines ökologischen, von Frauen betriebenen Gewerbezentrums und der Möglichkeit, dieses mitzugestalten, und wird Genossenschafterin (Nr. 391). Nach Besetzer_innenleben, Groß-WG-tauglichem Fabriketagenumbau und genossenschaftlichem Landleben bei Auslandsaufenthalten – „Ich bin ein altes Kommunardentier" – wird sie Mitglied der AG „Ateliers". Im Vorfeld der Sanierung der Ateliers entwickelt sie in der AG u. a. mit der Künstlerin Irene Fehling und der Kunsthistorikerin und späteren Vorstandsfrau Katja von der Bey ein Nutzungskonzept und hat maßgeblich Anteil an der gelungenen Finanzierung und Sanierung. Sie ist Künstlerin und Steinbildhauerin und schon in der Phase der Zwischennutzung seit 1993 mit einem Atelier vor Ort. Bis heute ist sie in den Höfen in einem der Künstlerinnenateliers tätig. Konscha Schostak wird in der WeiberWirtschaft zur Unternehmerin. Sie betreibt heute www.memoria-stein.de und fertigt individuelle Erinnerungssteine – für Ereignisse des Lebens oder als Grabzeichen –, die sie gemeinsam mit An- und Zugehörigen entwickelt.

Smentek, Sabine, geb. 1961, Diplom-Kauffrau. Als eine der wenigen weiblichen MitarbeiterInnen der Treuhandanstalt lernt Smentek die WeiberWirtschaft kennen und findet sie schräg, aber auch mutig! Die Gründungsmütter der Genossenschaft identifizieren sie bald als mögliche Unterstützerin. Als Unternehmensberaterin in einem Männerberuf tätig, lernt Smentek Diskriminierung von Frauen in der Wirtschaft am eigenen Leibe kennen und auf die Identifizierung folgt prompt die „Infizierung" mit der WeiberWirtschaft, 1993 tritt sie mit der Mitgliedsnummer 520 ein. Nachdem sie sich als Beraterin in Berlin selbständig gemacht hat, bereichert sie die WeiberWirtschaft aktiv mit ihren Erfahrungen und ihrem Know-how. Von 1997 an wirkt Smentek in den Gremien der Genossenschaft mit. Zunächst als Aufsichtsrätin, von 1998–2000 als Vorstandsmitglied, anschließend dann wieder als Aufsichtsrätin, von 2003–2012 übernimmt sie den Vorsitz des Aufsichtsrats. Mit ihrem Faible für Zahlen und Wirtschaft unterstützt sie die Einführung eines modernen Systems der Finanzplanung und -kontrolle in der WeiberWirtschaft. Dank ihrer guten Vernetzung in der Berliner Verwaltung und Politik prägt sie die Lobbyarbeit für die Ziele der Genossenschaft wesentlich. Das Konzept für die Gründerinnenzentrale, die kleine Schwester der WeiberWirtschaft, entwickelt Smentek gemeinsam mit Katja von der Bey und Delal Atmaca „spontan". Sie arbeitet bis heute ehrenamtlich im Vorstand des Trägervereins mit. Beruflich verschlägt es Smentek zu Beginn des Jahres 2014 nach 15-jähriger erfolgreicher Selbständigkeit in den Politikbetrieb. Sie wird für die SPD zur Bezirksstadträtin für Jugend, Schule, Sport und Facility Management im Berliner Bezirk Mitte gewählt.

Sabine Smentek ist krisenfest und nervenstark und hilft so dabei, die größte Krise der WeiberWirtschaft eG, die Altlastensanierung in den Jahren 1999–2000, zu bewältigen. Ihre Fähigkeit, auch schwierige Sitzungen ergebnisorientiert zu moderieren, trägt dazu bei, dass kontroverse Diskussionen in den Gremien (fast) immer undramatisch und vor allem mit einem Ergebnis enden.

Stegemann, Karin, geb.1954, Genossenschafterin Nr. 1638, ist gebürtige Spandauerin – und dahin zurückgekehrt. Ihr Garten ist ihr Hobby. Zwei Katzen und zwei Hunde gehören zur Familie und vervollständigen das „Landleben". Eine ihrer weiteren Leidenschaften ist es, mit dem Auto zu verreisen und da anzuhalten, wo es schön ist. Diese Leidenschaft wird ihr im weiteren Sinne zum Beruf. Als angestellte Fahrlehrerin sammelt sie Erfahrungen und Ideen für eine eigene Fahrschule. Ihr Unternehmen wird eine Frauenfahrschule, an die sich Schüler_innen mit ganz individuellen Ansprüchen an die Fahrlehrerin und die Ausbildung wenden. Das Gründerinnenzentrum der WeiberWirtschaft wird für sie „eine optimale Standortentscheidung" – auch wenn sie gern „ein paar mehr Parkplätze hätte ..." Aus dieser Idee ist nun eine ganz besondere Fahrschule geworden. www.fahrschule-weiberwirtschaft.de

Wallner-Unkrig, Carola, geb. 1962, Jurastudium, Rechtsanwältin, Fachanwältin für Familienrecht und Mediatorin, Dozentin in der Erwachsenenbildung für Sozialversicherungs- und Verwaltungsrecht, Gründung der Kanzlei gleich nach dem Zweiten Staatsexamen. Als Angestellte in einer Kanzlei hätte sie nicht die Flexibilität gehabt, Beruf und Kinder zu vereinbaren. Außerdem will Carola Wallner-Unkrig nach ihren eigenen Grundsätzen arbeiten, und das in einem guten Team mit anderen Anwältinnen. Sie zieht gleich nach der Eröffnung der WeiberWirtschaft im Jahr 1994 ein und wird Genossenschafterin Nr. 785, erinnert sich gut an die fehlenden Telefonverbindungen der

ersten Zeit und „dass alles Monate dauerte". Der Zusammenhalt der Mieterinnen und die gegenseitige Unterstützung in den ersten Jahren, die große Fête de la Musique sind prägende Erfahrungen, von denen sie sich heute manchmal wieder mehr wünscht. Wichtig ist ihr auch die Kita – als diese kommt, ist „mein Kind allerdings schon in der Schule". Heute schätzt sie besonders das offene Miteinander im Gewerbehof. Seit dessen Gründung ist sie ehrenamtliches Mitglied im KLÄRWERK.
Anwältinnenbüro: www.wallner-unkrig.de

Zauner, Margrit, geb. 1961, ist Referatsleiterin in der Berliner Senatsverwaltung für Integration, Arbeit und Soziales. Bis heute erinnert sie sich daran, dass beim Unterschreiben ihres Lehrvertrages zur Bankkauffrau 1980 der Ausbildungsleiter der Bank gönnerhaft meint, „Bei uns können Frauen alles werden, sogar Filialleiterin." Margrit Zauner beschließt schon damals, dass es noch ein bisschen mehr sein darf. Sie studiert Betriebswirtschaft und Erwachsenenbildung und macht Karriere in der öffentlichen Verwaltung. 1990 wird sie Genossenschafterin (Mitgliedsnummer 47). Seit 1997 ist sie – neben zahlreichen anderen Ehrenämtern – Aufsichtsrätin der WeiberWirtschaft. Dieses Ehrenamt ist für sie Anlass für eine Fortbildung zur Wirtschaftsmediatorin. Seit 2000 widmet sie sich vor allem dem internen Konfliktmanagement in der WeiberWirtschaft. Im Jahr 2000 initiiert sie das KLÄRWERK, dem sie seither vorsteht. www.zauner-berlin.de

Bibliographie
(Auswahl mit einem Fokus auf wissenschaftliche Arbeiten)

• Assig, Dorothea; Gather, Claudia; Hübner, Sabine: *Voraussetzungen, Schwierigkeiten und Barrieren bei Existenzgründungen von Frauen.* Untersuchungsbericht für den Senator für Wirtschaft und Arbeit, Berlin, Dezember 1985

• Barabaß, Torsten; Angela Köhler; Heike Köster; Frank Müller; Heike Riebe: *WeiberWirtschaft e.G. – Ein Kommunikationsprojekt am Institut für Gesellschafts- und Wirtschaftskommunikation an der Hochschule der Künste Berlin*, April 1992

• Behrmann, Dörte: *Frauengewerbe- und Gründerinnenzentren: Netzwerke bilden – Netzwerke stabilisieren.* Die Dokumentation zur 2. Konferenz der Frauengewerbe- und Gründerinnenzentren, WeiberWirtschaft eG, Mai 2001

• Borgelt, Christiane: *WeiberWirtschaft Berlin – Gründerinnenzentrum im ökologisch sanierten Gewerbehof*, Stadtwandel Verlag 2010, ISBN 9-783867-111577

• Cummerwie, Christa: *WeiberWirtschaft. Ein Zentrum zur Förderung von Existenzgründerinnen, Frauenbetrieben und Frauenprojekten.* Diplomarbeit, 1993

• Daiber, Birgit; Buch, Ricarda: *Risikoexistenz Frau. Zur Geschichte von Frauennetzwerken und Frauenbetrieben in Berlin, Women Engendering the Finance Network*, Inselpresse Lindwerder Mai 2007, ISBN 978-3-939188-02-2

• Gregorschewski, Dörte: *Frauenbank und WeiberWirtschaft. Ökonomische Projekte der deutschen Frauenbewegung.* Diplomarbeit, Fachhochschule für Wirtschaft Berlin, August 1997

• Katner, Roswitha: *Existenzen und Essenzen. Frauengewerbezentren. Allianzen für die berufliche Selbständigkeit.* Die Dokumentation zur Konferenz im Frauenstadthaus Bremen im Dezember 1999, Frauenstadthaus Bremen 2000

• Raethke, Silvia Ch.: *WeiberWirtschaft e.G. – ein feministisches, marktwirtschaftliches, betriebswirtschaftliches Großprojekt?* Freie wissenschaftliche Arbeit, Freie Universität Berlin, Oktober 1994

• Schirmacher, Andrea: *Unternehmerinnenzentren – Ein Weg zur effektiven Förderung von Unternehmensgründungen von Frauen?* Eine empirische Studie zur Struktur und Situation von Unternehmerinnenzentren und ihrer Betriebe, Shaker 2004, ISBN 3-8322-3120-X

• Schneider, Karis Anna: *„WeiberWirtschaft". Frauen als Selbständige.* Magisterarbeit, Albert-Ludwigs-Universität Freiburg i. Br., Sommersemester 1997

• Schröder, Carolin; Walk, Heike (Hg.): *Genossenschaften und Klimaschutz. Akteure für zukunftsfähige, solidarische Städte*, Springer Fachmedien Wiesbaden 2014, ISBN 9-783658-036317

• Smentek, Sabine: *Handbuch für die erfolgreiche Konzeption und Realisierung von Gründerinnen- und Unternehmerinnenzentren*, WeiberWirtschaft e. V. im Auftrag des Netzwerks der Gründerinnen- und Unternehmerinnenzentren 2004

• Soy, Birgitt; Zech, Christina; Rock, Christiane; Dietzel, Matthias; Moeck, Simone: *WeiberWirtschaft*. Projektarbeit Gesellschafts- und Wirtschaftskommunikation, Universität der Künste Berlin, Sommersemester 1999

• von der Bey, Katja; Zech, Christina: *Good-Practice-Beispiele von Gründerinnen-/Unternehmerinnenzentren in Deutschland*, bundesweite gründerinnenagentur, Nr. 18/2007, Oktober 2007

Beitrittsinfos

18,6 Mio. Euro hat die WeiberWirtschaft in den Jahren 1992–1996 hinblättern müssen, um ihren Gewerbehof zu kaufen, rundum zu sanieren und mit dem neuen Wohn- und Geschäftshaus an der Straße zu ergänzen.

Ein großer Teil dieser Investition wurde erst einmal von einer Bank finanziert und wird jetzt Euro für Euro abgestottert, mal ganz abgesehen von einem Berg Zinsen, der zusätzlich fällig ist. 2002 haben wir ausgerechnet, wie hoch die Belastung noch ist: Auf jedem Quadratmeter Nutzfläche im Gründerinnenzentrum lastet rechnerisch noch eine Hypothek von 736 Euro.

Jeder Euro Tilgung, den wir aus unserer Immobilie erwirtschaften, und jeder neu gezeichnete Anteil, der für Sondertilgungen eingesetzt wird, hilft dabei, unseren Gewerbehof schneller zu entschulden. Denn statt jährlich über 200.000 Euro Zinsen zu zahlen, würden wir dieses Geld viel lieber in neue Projekte wie die Gründerinnenzentrale oder das Mikrokreditprogramm stecken. Oder eines Tages vielleicht sogar in einen zweiten Gewerbehof.

Seither machen wir unseren Fortschritt bei der Entschuldung sichtbar: Immer, wenn unsere Schulden 736 Euro weniger geworden sind, gilt ein Quadratmeter als „freigekauft". Jede neue Gewerbeeinheit, die auf diese Weise symbolisch schuldenfrei wird, wird gefeiert und bekommt einen neuen Namen. Als erstes wurde 2002 aus der Gewerbeeinheit 4.2 im Vorderhaus die „Lida Gustava Heymann-Einheit". Jede „freigekaufte" Fläche wird einer Frau gewidmet, die wir mit dieser neuen Bezeichnung dauerhaft in unserem Gewerbehof ehren möchten.

Zwischen 2002 und Ende 2014 haben wir schon unglaubliche 25 Gewerbeeinheiten oder 2.582,26 qm geschafft, von 7.100 qm Nutzfläche, die unser Gründerinnen- und Unternehmerinnenzentrum insgesamt umfasst.

Genossenschafterin werden!

Werden Sie Teil unserer Erfolgsgeschichte! Beteiligen Sie sich mit einem oder gern auch mehreren Anteilen an der WeiberWirtschaft. Werden Sie gleichberechtigte Miteigentümerin der Immobilie und tragen Sie gleichzeitig dazu bei, ein unabhängiges frauenpolitisches Modellprojekt auf eine immer solidere Basis zu stellen!

Jede Frau kann sich durch die Zeichnung von mindestens einem Genossenschaftsanteil im Wert von 103 Euro beteiligen, außerdem wird eine einmalige Beitrittsgebühr von 30 Euro erhoben. Jährliche Beiträge gibt es nicht.

Geld verdienen werden Sie mit dieser „Anlage" in absehbarer Zeit allerdings nicht. Auch eine Rückzahlung des Anteils ist derzeit nicht möglich, weil unsere Schulden noch viel zu groß sind. Andererseits sind aber auch keine weiteren finanziellen Verpflichtungen mit dem Beitritt verbunden.

Jede Genossenschafterin kann – unabhängig von der Anzahl ihrer Geschäftsanteile – an der Willensbildung in der Genossenschaft teilnehmen. Außerdem gibt es hier und da kleine Preisrabatte bei den Unternehmerinnen vor Ort und größere bei den Dienstleistungen der Genossenschaft selbst. Und die Raumanmietung im Zentrum sowie die Mikrokredite sind ebenfalls den Genossenschafterinnen vorbehalten.

Das Wichtigste aber ist: Zeigen Sie mit vielen anderen zusammen, was Frauen alles auf die Beine stellen können, wenn sie ihre Kräfte bündeln!

Weitere Anteile zeichnen

Sie sind schon Genossenschafterin und möchten uns durch die Zeichnung weiterer Anteile noch mehr unterstützen? Großartig, herzlichen Dank! Neben der normalen einmaligen Anteilszeichnung gibt es für Sie folgende Möglichkeiten:

Jahresabo

103 Euro für einen Geschäftsanteil können eine Menge Geld sein. Aber auch eine monatliche Abbuchung von 8,58 Euro ergibt am Jahresende einen neuen Geschäftsanteil. Beim Jahresabo erteilen Sie uns bis auf Widerruf ein Lastschriftmandat für monatliche Abbuchungen von Ihrem Konto für die Anzahl von Anteilen Ihrer Wahl. Am Jahresende senden wir Ihnen die Beteiligungsbestätigung zu.

Geburtstagsabo

Schenken Sie sich doch jährlich einen neuen Anteil zum Geburtstag! Wir buchen den gewünschten Betrag dann wie vereinbart von Ihrem Konto ab und senden Ihnen mit unseren herzlichen Glückwünschen die Bestätigung über Ihre neue Beteiligung zu.

Unterlagen für Beitritt und Beteiligung
Per Download: www.weiberwirtschaft.de/mitmachen/
Per Post anfordern:
infos@weiberwirtschaft.de, Tel. 030 440 223 10

Anteilekonto:
Bank für Sozialwirtschaft,
BIC: BFSWDE33BER
IBAN: DE98 1002 0500 0003 0763 00

MIT
MACHEN
GENOSSENSCHAFTERIN
WERDEN

Impressum

Unsere Luftschlösser haben U-Bahn-Anschluss
WeiberWirtschaft – eine Erfolgsgeschichte

Herausgeberinnen:
Claudia Neusüß, Katja von der Bey

Foto auf der Umschlagseite:
Heidi Scherm und Oliver Mann

Titelslogan: Antje Welp
© für die Texte bei den Autorinnen
© für die Abbildungen bei den Urheber_innen
und Fotograf_innen

Trotz intensiver Recherche ist es uns vermutlich nicht
gelungen, alle Abgebildeten (richtig) zu identifizieren.
Dafür bitten wir um Entschuldigung und freuen uns über
weitere Hinweise.

WeiberWirtschaft eG
Anklamer Straße 38
10115 Berlin
Tel. 030 440 223 0
Fax 030 440 223 44
www.weiberwirtschaft.de
infos@weiberwirtschaft.de

Aufsichtsratsvorsitzende:
Orsine Mieland
Vorstand:
Nadja Bartsch, Dr. Katja von der Bey,
Christina de Graaf, Dr. Andrea Schirmacher
Amtsgericht Charlottenburg 94 GnR 466 b Nz

Gestaltung: Elo Hüskes
Druck: Medialis Offsetdruck GmbH

Berlin, Januar 2015

ISBN 978-3-00-048173-4
Schutzgebühr 10 Euro